가장 끈질긴 서퍼

가장 끈질긴 서퍼

김현지

여름귤

벌어먹는 일을 하느라 하루 종일 일한 뒤에
나는 피곤했다.
이제 나 자신의 일은 또 하루를 손해보았구나,
라고 나는 생각했지만, 그러나 나는 천천히 시작했고,
천천히 힘이 내게 돌아왔다.
분명히, 밀물은 하루에 두 번씩 온다.

―찰스 레즈니코프

봄

나는 불완전한 당신을 다른 어떤 완전한 것보다 좋아합니다.

0428 당신의 첫

 오늘은 처음으로 미술학원에 간 날이다. 처음 그린 그림은 (사각형, 삼각형, 원을 다섯 개씩 그린 걸 제외하면) 향수병이다. 2B 연필로 윤곽을 잡고 스테들러 피그먼트 라이너 0.3밀리미터 펜으로 선을 덧입힌 뒤 밑그림을 지운다. 생각보다 그럴듯하게 샤넬 넘버5가 그려졌다. 정식 미술교육에는 명함도 못 내밀 취미 수업에 불과하지만, 향수병을 완성하던 순간은 미술관에 걸린 첫 작품을 보는 것처럼 뿌듯했다.

 집에 와서도 향수병을 그렸다. 학원에서 사진을 보고 그릴 때는 몰랐는데, 유리로 된 향수병은 참 아름다운 물건이었다. 가장자리를 보석 세공하듯 깎아서 단순한 직사각형 용기에 향수다운 찬란함을 부여하고 있다는 것은, 이 향수를 수백 번 봐온 이래 처음 안 사실이다. 길지도 짧지도 않은 '조말론만의 비율'로 계산된 뚜껑의 길이와 라벨의 위치도, 그려보지 않았다면 느낄 수 없었으리라.

 올해 첫날엔 그런 걸 했었다. 처음 본 것, 처음 만난 사람, 처음 들은 말, 처음 먹은 음식, 처음 본 책, 처음 들은 음악, 처음 산 것, 새해의 '처음'을 전부 적는 일이었다. 눈 뜨자마자 핸드폰 보고, 늘 그렇듯 스타벅스에서 전날 읽다 만 책을 펼쳤으니 새로운 건 하나도 없었다. 단지 '처음'이라는 꼬리표를 붙임으로써 그 모든 게 '2019년의 처음'으로 영원히 남게 됐다.

    고작해야 회사에서 심기를 거슬렀던 사소한 한마디 따위가 '오늘의 인상적인 일'로 남는 날들의 연속이다. 더이상 새로운 향수를 갖는 일이 설레지 않을 때 향수를 그리기 시작했다. 이런 모양이구나, 이런 감촉이었지, 멀리 놨다 가까이 봤다 해가며 연필로 포착하는 처음의 기록. 다 익숙하고 다 안다고 생각했는데 이토록 처음이라니, 아직도 멀었다. 그 '아직도 멀었음'이 나를 설레게 한다. 오늘부터 그린다. 나의 첫, 모든 것.

0429 중년 회사원 3원칙

회식장소에 늦게 쫓아가는데 다른 직원들이 보였다. 오 저들도 늦게 가는구나. 따라붙어 "같이 가요" 불렀다.
"쥐돌 어디 가는 거야?"
"저도 회식 가죠. 그런데 장소 아이닌인데 왜 반대편으로 가고 계세요?"
"무슨 회식?" 알고 보니 그들은 회식에 초대되지 않았다.
"우리는 뫄뫄 프로젝트 기여를 안했다고 생각하시나 보네."
"앗아아앗어으음"
뜻하지 않게 그들의 샐쭉함을 유발한 나는 땀을 흘리며 반대편으로 걸어가서 중국음식을 먹었다. 기스면으로 마무리.

사무실에 들어와 내가 괜히 안 할 말 해서 기분 상하게 한 거 아닐까 소심하게 생각하다가 중년 회사원 3원칙 중 3번째 원칙에 위배되는 것 같아서 생각을 멈췄다. 오늘의 일기 끝.

별책부록 : 중년 회사원 3원칙 (by 중년회사원쥐돌)

1. 일은 말로 하는 거다
"너무 재미있어요!" "열심히 하겠습니다!" 일은 말로 하세요. 그리고 6시에 집에 가자.

2. 더 할까 말까 할 때가 바로 안 할 때다

나이 앞자리에 4자 들어가는 순간부터 무조건 이 말을 책상머리에 써붙여놔야 한다고 외칩니다. 조금만 더 하면 좋을 것 같을 때가 바로 안 할 때다! 내일 할 일을 오늘 해치우면 네 건강도 해치워진다! 넌 일을 못할 때가 아니라 몸이 상할 때 갈아치워진다! '이것만 더 하면'이라는 악마의 속삭임이 들릴 때, '아하, 이때가 바로 자리에서 일어날 때로구나'라고 인식하도록 하자.

3. 네가 기분이 나쁜 것은 네가 해결해야 할 네 일이다

내게 직접적으로 불평, 주문, 지시, 부탁을 하지 않는 한 너의 기분은 네가 해결해야 할 너의 일이다. 비언어적 제스처에 마음쓰기, 빙빙 돌린 말을 해석하려 애쓰기를 멈추고 표면에만 반응하는 눈치없는 사람이 되지. 내가 염려하지 않아도 상사는 권력 쥐고 잘 살고 후배는 앞길 창창해서 잘 산다. 중년은 자기 살길부터 챙깁시다.

0501 사진기

너무나 사랑했던 <환상의 빛>을 떠올리며 읽은, 같은 작가가 쓴 <금수>. 읽고 나서 멀뚱멀뚱했다. 분명 재미있고, 특유의 서간체가 주는 정취는 독보적인데, 마음에 와닿는 부분이 없다. 하도 <환상의 빛>을 찬양해댄 터라 친구가 재밌냐고 물어보는데 뭐라고 말해야 할지 몰라서 우물거렸다.

중년기에 접어들며 당혹스러운 순간은 더이상 반짝이는 생각이 나지 않을 때다. 뭘 봐도 줄거리 따라가면 끝. 특별한 감상도 없고 빛나는 말은 더이상 쏟아지지 않는다.

책 탓일까 내 탓일까, 나이 탓일까 취향 탓일까. 모든 것에 감탄할 필요는 없고, 적당히 무뎌지는 것 역시 인생의 한 부분일지 모른다. 사진기 같은 사람이 되길 바랐다. 굳은살이 생긴다면 그걸 말랑말랑하게 하려는 사람이 아니라, 굳은살의 모양새와 일어난 각질을 사진기로 찍는 사람.

매일 사진을 찍는 일.

0502 머무름

대만 친구를 만나서 서울 안내를 했다. 사실 어제까지 걱정을 많이 했다. 왜냐면 나는 서울을 잘 모르니까(가는 데만 간다. 그리고 그 '가는 데'란 대부분 외국인이 전혀 보고싶어 하지 않는 곳이다). 내가 좋아하는 것을 상대에게 소개하는 것에 자신이 없어서, 책 추천해달라는 무심한 한마디에도 삼박사일쯤 고민한다. 항상 최악을 상상하는 비관적인 버릇이 더해져 '더우면 어쩌지, 헤매면 어쩌지, 별로면 어쩌지', 어제는 계속 그런 생각을 했었다.

왜 걱정했을까 싶도록 좋은 날이었다. 나란히 한복 입고 경복궁을 휘젓고 다니다 사랑채에 앉아 차 마시고, 백인제가옥을 둘러보고, 냉면과 만두를 먹고, 무엇보다 친구의 기쁜 얼굴을 보고. 더 이상 아름다울 수 없을 만큼 아름다웠던 날. 해가 떠서 머무르다 사라지는 게 자연법칙이라면 오늘은 해가 '머무른' 날이었다. 이런 날이 있어서 빨래는 마르고 사람은 웃는다. 웃었다. 많이.

0504 평범한 날들

대만 친구와 이틀간 너무 열심히 놀았더니 체력이 바닥나서, 친구 숙소 근처에서 밥만 먹고 헤어졌다. 황금연휴로 텅 빈 오피스 빌딩가, 갈 만한 국수전골집도 감자탕집도 문을 닫아서 할수없이 임광빌딩 지하에 유일하게 문 연 식당에서 대충 한끼 때웠다. 너무 평범한 식사만 한 것 같아, 이거 했으면 저기 갔으면 좋았을걸. 괜한 후회를 하는 서툰 가이드에게 "괜찮아 괜찮아, 평범한 식사가 좋아" 말해주는 친구.

사실 임광빌딩은 십 년 전에 내가 회사 다녔던 곳이다(아직도 그 회사가 입주해 있다). 그때도 서툰 날들을 지나가며 후회를 했더랬다.

괜찮아 괜찮아, 서툴고 평범한 날들도 반짝이는 날들만큼이나 좋아. 십 년 전의 나에게, 십 년 후의 내가.

0507 40대 원숭이

"팔을 쭉 폅니다. 오른발만 45도로 살짝 틀어봅니다. 그 상태에서 손만 들어올리세요. 배꼽에 힘!"
요가 선생님의 말은 대체로 단문으로 이루어져 있다. 단문이 가리키는 동작은 단순하다. 팔을 펴면, 발만 틀면, 손을 들어올리기만 하면.

동작은 단순해도 유지가 어렵다. 엉덩이를 떼는 순간 허벅지가 불타오르며 몸뚱이가 바닥으로 추락한다. "아아아 아히휴허" 괴상한 소리를 내며 요가 매트에 털썩 주저앉는다. 못하겠다 쉬자. 3초 동작 후 30초 자체 휴식. 불타오르는 사람들 한가운데 혼자 철퍼덕 앉아서 두리번두리번. 있는 힘껏 운동하는 원숭이 무리에서 튕겨 나온 열등생 원숭이는 잠시 고독하다.

출근해서 별다른거 하지도 않았는데 퇴근길엔 푹 삭은 파김치가 되어 집에 오자마자 라면이나 끓여먹고 퍼져 있으니 붙어있던 체력도 도망갈 판이다. 컴퓨터 화면과 물아일체가 된 자세로 여덟 시간을 보내고 집에 와서도 핸드폰 속으로 빨려들어가기 일보직전이니 목과 어깨가 남아날 리가. 지하철 계단도 쉬어가며 오르는 스스로에게 충격받고 '운동은 생존이다'를 외치며 요가원에 다니기 시작했었다.

피곤하면 삼라만상이 귀찮고, 건강한 신체에 제정신이 깃든다. 긴 긴 인생길에 스스로의 손을 잡고 걸어줄 사람은 결국 나 자신뿐임을 이제서야 깨달은 40대 원숭이는 오늘도 운동을 간다. 즐거움과 열의에 찬 청춘이 지나가도 나는 여전히 나로 살아야 한다는 것을, 사는 일은 베스트컷 한 장이 아니라 수십 년짜리 활동사진임을 이제서야 뼈에 새기는 중이다.

열등생 원숭이가 되든 고독한 원숭이가 되든 내일도 요가하러 갈 거다. 눈부신 날들과 대단한 순간들은 애저녁에 막을 내렸지만 어쩌면 인생은, 이제부터가 진검승부다.

0508 당신을 생각해요

한두 달에 한번쯤 메신저로 작업물만 전달받는 사이였죠. 지금도 그렇지만 저는 데면데면한 사람이어서, 당신에게 갑자기 말을 걸어 '퇴사 전에 식사 한번 하자'고 한 건 꽤 예외적인 일이었습니다. 전해들은 당신의 이직 사유가 마음에 남았던 탓입니다. 돈도 커리어도 여유시간 때문도 아니라 '세상에 더 도움이 되는 일을 하기 위해서'라니, 이 세계에 이런 사람이 아직 남아있었던 걸까요.

채식주의자라고 해서 채식 식당을 찾고 있었는데, 고깃국물 정도는 괜찮다고 했습니다.

"저는 말하자면 신념 때문에 채식하는 거라서요."

비빔밥을 먹으며 예전에 한 공부에 대해 들었어요. 전공 특성상 종이를 많이 써야 했는데, 자원을 그렇게 많이 쓰면서 공부를 하는 것이 내키지 않아 그만두었다고. 직장 역시 수익보다 공익을 좇을 수 있는 곳에 가기로 했다고.

저는 평범한 사람입니다. 달리 말하자면 몸이 편할수록, 돈이 많을수록, 중요한 사람으로 비칠수록 가치있고 행복하다고 믿는 사람들 중 한 명이라는 뜻이겠네요. 당신은 그 모든 걸 거꾸로 하는 사람, 옳은 삶을 추구하며 그렇지 못한 집단과 불화하는 사람, 정체성이니 신념

이니 하는 단어들의 최후의 수호자, 그러니까 사는대로 생각하는 사람이 있고 생각한대로 사는 사람이 있다면 후자의 사람이지요.

카페에서 아침을 먹으면서 잠깐 당신 생각을 했어요. 손 닦는 일회용 냅킨 탓입니다. 무심코 냅킨으로 손을 닦다가 '세면대에서 물로 닦을 걸' 했어요. 종이컵을 쓸 때도 자주 '아차, 아이고' 해요. 비닐봉지와 종이백은 되가져가요. 당신이 저한테 그렇게 하라고 말하지 않았는데, 제가 조금 바뀌었습니다.

삶을 쉽게 방기하지 않는 당신의 품위에 비하면, 타인의 기준으로 잘 산다, 못 산다 재단하는 일은 참 얕지요. 나무 같던 당신이 시들지 않았으면 좋겠어요. 제가 하는 일이 지구를 구한다고는 생각하지 않아요. 하지만 당신을 생각하면 저는 그렇게 하게 돼요. 당신이 시들지 않길 바라니까요.

오월의 나무가 내다보이는 카페에 앉아, 오늘 당신을 생각해요.

0509 진짜 세계

회사 식당 메뉴로 '푸빳뽕 커리'가 나왔다. 카레에 계란을 풀어 얼추 비슷한 맛을 냈고, 튀긴 게 대신 맛살이 들어있다. 아무래도 단체 급식이다 보니 맛과 모양을 흉내낸 수준이다. 커리에 밥을 말아 먹으니 제법 맛있지만, 진짜 푸빳뽕 커리를 먹어보지 못했으면 이 음식이 푸빳뽕 커리인줄 알았겠지.

여행을 좋아하는 이유는 진짜 푸빳뽕 커리를 알 수 있어서다. 운이 나빠 맛없는 식당에 들어가거나, 고생하거나, 한국에서 편히 먹는 것만 못할 수 있지만, 그래도 진짜 세계여서. 불편하거나 초라하대도 먹어보려 한다. 그렇지 않으면 나는 고작 이게 푸빳뽕 커리인줄 알고 살아갈 테니까.

소위 회사 뽕에 취해본 적이 없다. 우리의 미션이니 주인의식이니 이야기하면 독실한 신자처럼 고개를 끄덕이지만 여기는 남의 회사고 나는 돈 받고 일하는 직업 노동자라는 사실을 잊지 않았다. '주인 의식'을 갖고 일하지는 않지만 '노동자 의식'을 가지고 일한다. 불편하고 초라하더라도 진짜 세계에 살고 싶다.

0512 마흔에 스트랩슈즈

발레슈즈처럼 발목에 스트랩이 있는, 납작한 구두를 샀다. 베이지 브라운의 스웨이드 재질. "귀엽네" 엄마가 말했다. 나도 마음에 든다.

예전엔 신발을 거의 안 샀다. 봄여름엔 단벌 슬립온, 여름엔 단벌 샌들, 겨울엔 단벌 털신. 치마에도 바지에도, 회사 갈 때도 놀러갈 때도 똑같은 신발을 신었다.

지금도 쇼핑을 귀찮아하는데 정해놓은 브랜드가 있어서 그곳에서만 사니까 편하다. 한꺼번에 두 켤레를 사기도 한다. 내게는 엄청난 변화다. 일주일간 매일 다른 신발을 신다니! 그리고 놀랍게도 매일 새로운 신발을 신는 무척 즐거운 일이었다! 나이 사십줄에 겨우 신발 너덧 켤레가 되었다고 기뻐하는 나.

난 뭐든지 다 늦는 것 같다. 취업이라든지 연애, 여행이나 술 취미를 붙인 것, 업무 적응, 경제관념의 형성, 뭐든지 다 느렸다. 부뚜막 고양이처럼 뒤늦게 빠져들기도 했고 안 맞아서 버린 것도 있다. 뒤돌아보니 늦고 빠른 것 자체는 인생에서 큰 의미가 아닌 듯하다. '우리는 우리의 시간 속에서 살고 있으니까' 좋아하는 배우(유재명)가 한 말이다.

나는 나의 시간 속에서 살고 있으니까. 그래요, 우리에겐 결국 그것만이 남으니까.

0513 봉이 책선달

집에 안 읽은 책이 봉이 김선달의 대동강물처럼 흘러넘치지만 굳이 또 도서관에서 책을 빌린다. 대출한도는 4권, 어차피 다 못읽지만 4권 꽉 채워 빌린다. 왜? 공짜잖아!

"손도 안댄 책으로 책장이 미어터지잖니" "지난번에 빌린 책도 앞 페이지만 들췄지?" 양심 속 독서요정이 나타나면 두더지 뽕망치로 뽕 폭력을 행사한다. (들어가라고!)

그렇다 나는 북 호더. 책은 소유하는 데 의의가 있다. 사고 모셔놨다가 (손도 안 대고) 잊히거나 그대로 팔아버리더라도 나 는 이 책 을 가 져 야 한 다 고! 회사 점심시간을 쪼개서 양천도서관에 가서 신나게 책을 이고 지고 온다.

서점, 헌책방, 도서관 다 좋아한다. 다른 공간마다 다른 책들이 눈에 띄니까. 게다가 나이가 좀 든 나로서는, 예전에 좋아했던 책들을 마주치는 경우가 잦아서 그때마다 추억소환 대잔치가 이루어진다.

혼자 서가 한구석에서 감회어린, 울컥한, 신나는, 아련한, 흥미진진한 얼굴로 책을 쓰다듬고 있는 사람이 보이면 그게 접니다. 무서워 말아요~ 내 월급 다 털어~ 도서문화 창달에~ 이바지 중이에요~ (멜로디 붙여주세요)

0515 라르고

어떤 책에 따르면 오늘 좋았던 것, 오늘 안 좋았던 것, 내일의 목표, 이 3가지를 매일 한 줄씩 쓰면 마음의 안정과 삶의 평화가 찾아온다고 했다. 그래서 써보기로 했는데 곧 흥미를 잃은 이유는, 내일의 목표가 거의 매일 똑같았기 때문이다. '요가 가기'.

요가를 한 지 삼 년 정도 되었다. 한두 주 안 가는 때도 허다하니 삼 년 간 꾸준히 했다고는 말할 수 없지만, 삼 년 간 동네 요가원에 꾸준히 돈을 낸 것은 맞다.

처음에는 어깨가 좋지 않아서 스트레칭 삼아 시작했다. 하기 싫어서 곧잘 꾀가 났고 자주 졸기까지 했다. 동작을 하면서는 주로 딴생각을 했다—갖가지 근심과 장밋빛 공상, 은밀한 욕망과 맥락 없는 애증. 조금이라도 힘들면 바로 매트에 드러누웠다. 힘든 일은 피하고 보는 습성에 뭐든지 설렁설렁 하는 성격적 결함까지 더해지니 동작은 좀처럼 늘지 않았다.

그런 상태로 삼 년이 지났다. 여전히 실력은 초보 수준이다. 그렇지만 요즘 나는 진심으로 요가를 좋아하게 되었음을 느낀다. 부담없이 졸고 쉬고 딴생각을 하면서, 할 수 있는 동작을 아주 느리게 늘려 왔다.

매트 위에서 몸이 조금 더 편안해지는 감각을 아주 느리게 느껴 왔다. 순간의 힘듦을 넘어섰을 때의 기분을 아주 느리게 깨달아왔다.

 "가장 천천히 뛴다고 생각하면 가장 빨리 뛸 수 있어." 일본 만화 <좋은 사람>에 나오는 조언이라고 작가 김연수가 산문집 <지지 않는다는 말> 책날개에 썼다. 어느 날 책을 읽는데 두세 시간을 꼬박 이 문장에만 붙들려 있었다. 사실은 이 책을 펼친 건 라오스로 가는 비행기 안이었고, 승무원이 중앙 등을 꺼버렸기 때문에 더이상 독서를 할 수 없었기 때문이긴 했지만, 등을 끄지 않았더라도 나는 분명히 이 말을 두세 시간 정도 들여다보고 있었을 것이다.

 루앙프라방에서 아침 요가 수업에 갔다. 메콩강을 바라보며, 아니 사실은 메콩강을 바라볼 여유 따위 없이 팔다리를 부들부들 떨며 다운독 자세와 보트 자세를 취하며, 그러면서도 가끔 메콩강을 바라보며. 그리고 생각했다. '나는 지금 루앙프라방에서 요가를 하고 있다.' 뭔가를 직접 하는 건 생각보다 아주 멋진 일이었.

 가장 천천히 뛴다고 생각하면 가장 빨리 뛸 수 있어. 가장 천천히 해왔기 때문에 늦게 마음에 들어왔다. 내 삶의 곁에 오래 남기를 바라지만, 그것 역시 아주 느리게 이루어질 테니 조급해하지 않는다. 아, 사랑하는 일이, 살아가는 일이, 모두 이와 같았으면. 내가 소중하게 생각하는 모든 것들이, 아주 느리게 내 곁으로 다가와 오래도록 진심으로 머물렀으면.

(옛날여행 : 라오스일기 1)

0516 사람의 손

루앙프라방에서 유명한 것들, 사원과 폭포와 일몰과 탁발을 섭렵하고, 단골 쌀국수 노점을 두 군데쯤 만들자 마지막 날이었다. 국수를 먹고 하릴없이 걷다 야시장 초입에 있는 마사지 가게에 들어갔다.

라오스의 물가는 원래 쌌지만 그 가게의 마사지 가격은 놀랄 만큼 저렴했다. 싼 만큼 허름한 곳이었다. 조그마한 여자애가 나를 이층으로 데려가서 조그마한 손으로 내 어깨와 다리를 주물렀다. 내부는 외관보다 더 낡았고 시트는 꼬질꼬질하고 마사지를 잘 하는 편도 아니었지만 왠지 모든 것이 거슬리지 않고 편안했다. 손님이 없는 가게는 번잡한 야시장통이라는 것이 믿어지지 않도록 고요했고, 여자애의 손은 가냘팠지만 단단했다.

마사지가 끝나고 여자애의 얼굴을 자세히 보았을 때 내심 놀랐다. 아무리 봐도 너무나 어렸기 때문에. 나이를 묻자 곤란한 듯 우는 듯 웃는 듯한 얼굴로 그저 "노, 노"라고 모기만한 목소리로 말한다. 내가 적은 액수의 팁을 주었을 때, 그 애가 얼마나 환한 기쁨을 감추지 못했는지.

루앙프라방을 떠나 귀국 비행기를 타기 위해 비엔티안으로 돌아왔다. 밤 비행기 출발까지 때워야 하는 몇 시간, 마지막이라며 호기롭게 좋은 마사지 가게에 갔다. 보통 가격의 두세 배가 넘었고 그만큼 모든 것이 고급스러웠다.

말끔한 얼굴의 젊은 마사지사와 엘리베이터를 타고 올라가서 쾌적하고 정갈한 방에 누웠다. 기침을 몇 번 하자 마사지를 중단하더니 따뜻한 물을 내오고 에어컨 온도를 높여준다. 쉴새없이 나를 주무르는 그의 손은 점점 뜨거워졌지만 더위를 내색하지 않는다. 그는 마사지에 예민하지 못한 나도 바로 느낄 수 있을 정도로 매우 노련하고 뛰어난 마사지사였다. 어찌나 좋았는지 끝난 후에도 무아지경에 빠져있느라 얼마나 더웠냐는 서툰 인사, 아니 땡큐라는 한마디조차 놓치고 말았다. 얼굴이 상기되어 헤매고 있는 나를 보고 그는 웃었다.

괜찮아요? 아파요? 그런 말 외에, 그와 나는 딱 한 번 대화를 했다. 그가 팔인지 다리인지로 내 등을 스쳐서 "쏘리"라고 하길래 "보빼냥(괜찮아요)"라고 대꾸하자, 줄곧 정중하고 조심스러웠던 그가 장난스럽게 "와, 지금 라오스어로 말한 거예요?"라며 웃었다.

맨손, 맨발, 맨 살갗은 사람의 마음을 아프게 하는 구석이 있다. 내 얼굴뼈를 쓰다듬던 여자애의 단단한 손의 감촉, 내 팔을 꼭꼭 누르던 남자의 희미하게 땀이 밴 손의 온기를 떠올린다. 반짝 불을 켠 듯 환해지던 여자애의 얼굴, 나를 바라보던 남자의 웃음. 왠지 마음이 울렁거린다.

나는 사실 그 짧은 순간 사랑에 빠졌던 것이다.

(옛날여행 : 라오스일기 2)

0517 Keep going my 화가 라이프

홍대 호미화방에서 그림도구 샀다! 굳이 호미화방에서 사지 않아도 되지만 미래의 화가에게 어울리는 시작은 동네 문방구가 아닌 호미화방이라고요. 스테들러 피그먼트 라이너 굵기별로 3개, 톰보우 2B연필과 지우개, 연필 깎는 칼.

화가라고 자꾸 말하니까 진짜 화가 같다. 미술학원 세 번 간 사람에 불과하지만 지금 그림 그리고 있으니까 화가다.

'아버지의 결혼식 축가 레전드'라는 유튜브 영상이 있다. 신부 아버지가 축가를 부르기 위해 마이크를 잡는다. "61세가 된 지금도 라이브 하우스에서 활동하고 있습니다. 장르는 하드록입니다."라고 말해도 다들 농담쯤으로 치부하며 웃고 떠드는 분위기. 하지만 마이크를 잡고 노래하는 순간 놀라움과 수런거림이 퍼진다. 그의 목소리는 61세까지 라이브로 노래하는 현역 록커 그 자체였기 때문이다.

스타가 아니어도 좋다. 작은 무대라도 가리지 않는 현역 가수, 매일 밤 습작을 썼다 지웠다 쓰는 현역 아마추어이고 싶다. 빛났던 과거를 돌아보지 않고, 미래의 광휘를 꿈꾸지 않고, "지금도 노래합니다"라고 말할 수 있는 인생이라면.

Keep going.

0523 호랑이

사무실에 있는데 모르는 번호로 전화가 왔다. "김쥐돌씨 맞으십니까." "누구시죠." 목소리가 기억나지 않는 그는 옛 상사였다.

그는 어떤 편의를 봐줄 수 있는지 물었고, 나는 거절했다. "알겠습니다. 이렇게 불쑥 문의를 드려서." "아, 언제든지 전화주셔도 됩니다." 그는 조심스러웠고 나는 예의발랐지만 앞으로 다시 통화할 일이 없으리라는 것쯤은 서로 알고 있었다.

전화를 끊고 한숨을 쉬었다. 떠나가는 과거를 먼발치에서 보는 듯했다. 한때 그는 나의 절대권력자였다. '재떨이가 날아다니고, 질책을 견디지 못해 목숨을 끊고' 그런 일들이 현재진행형으로 벌어지는 세계의 한 축에 있었다. 손만 안 올렸다뿐이지 매우 폭력적인 언행을 고스란히 견뎌야 했다. 그가 고함을 지르고 모멸을 주면 나는 어쩔 줄 몰라 자리에 앉은 채 눈물을 흘렸다. 모두가 보는 앞에서 울면서 일을 했다.

탈출해야겠다는 의식이 남아있다면 그나마 충분히 괴롭힘을 당하지 않은 상태. 밑바닥까지 부서진 사람은 이성적인 사고가 마비되고 스스로를 어떻게 존중해야 하는지 알지 못한다. '이런 거 하나 제대로 못하는' 나는 '이런 대우를 받아도 마땅'하다고 믿게 된다. 나는 누군가의 죽음 앞에서 '죽을 정도면 차라리 퇴사하지'라고 쉽게 말하지 못하게 되었다.

이런저런 일을 겪으며 오랫동안 나를 괴롭혔던 기억에서도 꽤 자유로워졌다. 밥먹은 걸 다 토하게 했던 사람에게도 자연스럽게 인사를 한다. 무엇에도 잡아먹히지 않고 살아가는 것만이 목표이며, 좋은 사람이 되려는 백일몽은 애당초 접었으되 인간의 탈을 쓰고 남에게 끔찍한 기억만은 주지 말자는 것이 딱 하나 남은 윤리다.

영화 <라이프 오브 파이>에서 파이는 망망대해에서 생존하기 위해 몸부림치는 한편 끊임없이 그를 집어삼키려는 호랑이(리처드 파커)와도 사투를 벌인다. 삐끗하면 죽는 바다 한가운데, 한눈팔면 먹잇감이 될 호랑이와 함께라니 하늘도 너무하시다. 파이는 싸우고, 지치고, 절망하고, 도전하여, 마침내 살아남는다. 그리고 뒤도 돌아보지 않고 사라지는 리처드 파커가 야속해서 운다.

회사원으로 살며 치러온 싸움들을 떠올린다. 일하는 손도, 사람을 대하는 마음도 단단해져야만 했던 시간들. 그래서 그들을 '엿먹일' 수 있게 되었다고, 어떤 상황에서도 스스로를 보호할 수 있게 되었다고 생각했다. 글쎄, 내가 정말 단단해졌는지는 모를 일이다. 단지 그들이 이를테면 나의 리처드 파커는 아니었을까 하는 생각이 든다. 그때는 호랑이 때문에 내가 죽을 것 같았는데, 혹시 호랑이 때문에 내가 살아남은 건 아니었을까.

삶의 파도에 휩쓸릴 때마다 묻는다. 어떻게 하면 호랑이에게 먹히지 않고 이 바다를 건널 수 있을까. 당신을 죽일 수도 있는, 하지만 끝내 살아남게 할, 평온한 어느날 마음의 장례를 치르고서야 보내줄 수 있는, 당신의 호랑이는 무엇인가.

0526 여름 시작

할머니 집에서 냉면을 먹었다. 풀무원냉면을 삶아 과일을 잔뜩 얹어서 먹는 우리 가문의 냉면. 90대의 할머니는 귀가 좀 어둡고, 우리집 안방보다 깨끗하게 싱크대를 관리하고, 고무줄 바지를 직접 만든다. 내 손을 잡더니 "지금 먹는 밥 한 끼 한 끼는 다시 돌아오지 않으니 한 끼 한 끼 잘 먹어야 한다" 하신다.

나와 인생관이 비슷한 할머니와 냉면을 먹었다. 할머니와 나의, 다시 돌아오지 않을 올해 여름이 온다. 한 끼 한 끼, 하루하루, 여름 그리고 여름.

0527 식탁의 순간

북유럽 스타일과 억만광년 동떨어진 삶을 살고 있지만 관심은 많다. '북유럽 스타일 리빙 전문가들의 작은 집 인테리어'라는 부제가 달린 책 <123명의 집>을 고이 모셔놓고 시시때때로 보고 있다. 동네 재건축이 결정돼서 이사를 가야 하는 요즘은 더욱 진지하게 보는 중이다. 물론 인테리어 센스는 늘지 않는다. (타고나야 함. 아니면 돈이 센스다.) 심지어 이사갈 집도 구하지 못했지만, 그저 한 집 한 집 구경하며 '꿈의 집'을 상상하는 게 재미있다.

어떤 집에 살고 싶냐면 아무것도 없는 집에 살고 싶다. 아무것도 없는 상태를 굉장히 좋아해서, 회사 책상에도 컴퓨터와 물컵 외에는 되도록 아무것도 두지 않으려 한다. (허둥지둥 퇴근하느라 잡동사니가 항상 쌓여 있지만.) 어떤 화려함도 '아무것도 없음'보다 못하다는 게 내 지론이다. 물론 정말 아무것도 없으면 안 되고 아무것도 없는 것처럼 보일 만큼 넓은 공간이라는 게 포인트겠지요. 손바닥만한 집에서 혹한 폭염미세먼지 쓰리콤보를 버틸 짐을 이고 지고 살아야 하는 한국인에게는 아무래도 불가능에 가까운 일이겠지요.

되도록 아무것도 없는 집이었으면 좋겠다는 희망과 더불어, '이런 집이었으면' 생각한 집을 오늘의 그림일기로 그렸다. 책 첫 페이지에 실린, <123명의 집> 편집자의 집이다. 부엌에 평범한 4인용 식탁이 있다. 식탁 사진 밑에 '이 책은 대부분 이 공간에서 만들어졌다'라고 쓰여 있다.

나 역시 방이 좁아 책상을 놓을 수 없어서, 제주도 여행책을 전부 카페와 식탁에서 썼다. 이사를 가면 식탁 위에 조명을 달 수 있을까, 조금이라도 북유럽풍이 될 수 있을까. <123명의 집>을 뒤적이며 장밋빛 아니 북유럽빛 공상에 젖어본다.

거꾸로 매달려 먼지떨듯 십원 한장까지 털리고 영혼 밑바닥까지 담보잡혀 대출을 받을 예정이니, 가욋돈 들이는 북유럽식 인테리어는 언감생심이다. 북유럽풍 언제 될 수 있으려나. 어쨌든 새집에서도 원하는 건 하나뿐이다. 노트북을 펴고 앉는, 식탁의 순간. 노란 조명과 북유럽 가구가 없어도 괜찮은, 외롭고 따뜻한 저 순간.

0531 럭키하우스

여행을 자주 다녔는데 집을 사기로 해서 여행을 이전처럼 많이 못 갈 것 같아서 좀 우울했다. 그래도 작은, 짧은, 저렴한 여행들은 많이 가야지! 사실 이전에도 숙박비를 아끼기 위해 도미토리를 자주 이용해왔다. 언젠가 누군가 나에게 가장 인상적인 숙소를 물었을 때 떠오른 이름도 호텔이 아니라 럭키하우스, 였다.

공항에서 급히 예약한 라오스의 첫 숙소. 비엔티안에선 눈만 붙이고 방비엥으로 이동할 것이다. 그러니까 아무데나 괜찮다. 평점 높은 순, 가격 낮은 순으로 정렬해서 6달러짜리 숙소를 찾았다.

새벽에 가까운 한밤중의 럭키하우스. 사람들은 자고 있다. 얼굴에 물을 묻혀 휴지로 닦아내고 16인 믹스 도미토리의 이층침대 위층에 누웠다. 핸드폰을 꺼내서 조용히 화면을 보고 있는데 홈 버튼을 한번 누르자마자 아래 침대에서 거세게 침대 천장을 쳤다. 아래를 쳐다보니 서양인이 "온리 슬립, 돈트 무브"라고 말한다. 소심한 한국인은 얼른 폰을 끄고 차렷 자세로 누웠다. 침대 기둥이 가늘고 높아서 약간만 움직여도 흔들림이 컸다. 조심스레 몸을 돌리자 또 쾅쾅 두들긴다. 나는 완전히 얼어붙은 채 막대기처럼 누워서 손끝 하나 까딱 않고 어서 잠이 오기만을 빌었다. 새벽에 깨보니 온몸이 굳은 듯했다. 살짝 고개를 돌리자 또다시 쾅쾅. 원래 얌전히 자는 편인데도 조금의 뒤척임도 용납되지 않으니 고문이 따로 없었다.

지금까지 여행을 다니며 어떤 숙소가 인상적이었나요? 그런 질문을 받았을 때, 나는 말하려고 했다. 드물게 다녀왔던 멋진 호텔들과 하루 종일 그 안에만 있어도 행복했던 장소들에 대해. 그런데 머릿속에 가장 먼저 떠오른 말은 럭키하우스, 였다. 좋아하는 곳은 아닌데, 몇 년 전 일인데, 결코 다시 가진 않겠지만, 단 하나의 숙소를 꼽자면, 무작정 떠오른 이름.

회사생활을 하면서 가장 자주 떠올리는 시절은 일을 잘했던 시절도 신났던 시절도 아니고 고생했던 시절이다. 퇴근도 못 하고 뭐가 뭔지 모르는 상태로 아무튼 심장이 터지도록 달렸던 시절. 좋아하는 건 아닌데, 몇 년 전 일인데, 결코 다시 반복하진 않겠지만, 단 하나의 풍경을 떠올린다면, 나는 반드시 그날들을 떠올리고 만다. 럭키하우스.

0603 40대 회사원

예전에는 40대라는 나이를 구체적으로 생각하지 않았고, 40대까지 회사에 다니리라고는 그야말로 상상도 못했다. 별다르게 특별한 미래를 꿈꾼 건 아니지만, 아니 아무리 그래도 40대까지 회사원이라니, 그 정도의 비관론자는 아니었는데. 인생 계획에 털끝도 비치지 못했던 일이 일어나버렸다.

도쿄행 아시아나 비행기에서 오십대 중반을 넘겨 보이는 장년의 승무원을 봤다. 나이든 승무원이야 언제든 있었지만 이전엔 배경에 불과했다. 그들이 주인공으로 눈에 들어오게 된 건 요즘 들어 생긴 변화다.

오십을 넘겨 일하는 모습이 상상되지 않을 때, 여전히 멋있었던 승무원의 몸가짐, 단정하고 노련했던 태도를 떠올린다. 40대 회사원을 지나 50대 회사원이 된대도 저렇게 일하고 싶다. 높은 지위가 아니어도, 대단한 일을 하지 않더라도. 직업인으로서의 삶을 소중히 하며, 허리를 곧게 편 채.

때로 태도는 모든 것에 우선한다. 아니, 태도가 모든 것이다.

0604 캔디 회사원

지겨워도 화나도 나는 안 울어
퇴근하면 잊으면 돼 울긴 왜 울어
웃으면서 기다리자 퇴근시간
점심시간 약속 말고 나랑 놀자
내 이름은 내 이름은 40대 회사원
나 혼자 있으면 어쩐지 쓸쓸해지지만
그래도 무의미한 잡담보단 낫잖아
혼자가~ 좋아~ 40대에 얻은 자유
잘 보이지~ 않아도 돼~ 40대 회사원

나 천재인가? 개사하고 현실 박수쳤다.

0605 무언가를 찾고 있어

회사를 오래 다녔다. 대부분의 순간마다 나는 여기서 이런 이상하고 못생긴 일을 하고 있을 사람이 아니라고 생각했다. 이제 생각하니 이 모든 게 전혀 특별하지 않고 지극히 전형적이지만 어쨌든, 나는 스스로를 특별한 회사원이라고 믿었다.

회사생활에 대한 글을 쓰는 건 쉬워 보였다. 회사를 오래 다녔으니 잘 안다고 생각했다. 투덜거리는 글을 출판사에 보내면서 비로소 불안했다. 내가 하고 싶은 말이 보이지 않았다. 그리고 예상한 회신이 왔다. '당신은 어떤 이야기를 하고 싶은가. 하루하루의 반복에서 독자는 무엇을 찾을 수 있을까.'

의미가 없다면서 왜 썼던 것일까. 애초에 다 헛짓이고 퇴사하면 잊을 일들이라지만, 이 역시 인생의 일부가 아닌가. 회사에 다니는 순간도 엄연히 삶의 순간이라면, 회사를 대하는 태도 역시 삶을 대하는 태도일 거다. 모든 걸 무의미하다고 간단히 단정지을 수 있을까.

무언가를 쓰는 인간을 무조건 존경한다. 그건 쓰면서 느낀 단 하나의 진리다. 쓰는 일은 아주 쉽지만 아주 어렵다. 별다른 재능을 타고나지 못한 우리가 글을 쓰는 일은 사실 무의미하다. 그 글을 쓴다고 인생이 달라지는가? 그 글이 뭐라도 가져다주는가? 그냥 그건 키보드를 두드리는 일에 불과하지 않은가? 그래도 당신이 끈질기게 키보드를 두드린다면, 아무에게도 보여주지 않고 서랍속에 넣어질 글이 된대도, 인터넷에 올려봤댔자 아무도 '좋아요' 같은 걸 눌러주지 않는대도, 부끄러운 일도 무의미한 일도 아니다. 사실 그건 우리가 이 세계에서 할 수 있는 유일한 일이다. 의미가 없는 걸 알면서도 의미를 찾는 일.

의미는 회사가 주는 것이 아니었다. 자신만의 의미를 만들어내기 위해 뛰고 있다면 어떤 최선도 위대하다. 좋은 결과가 되면 어떻고 아니면 어떤가. 어차피 모든 건 곧 암흑 속의 무가 될 것이다. 어떻게 살 것인가. 그 질문을 회사생활에도 던지지 않는다면 하루의 대부분의 시간을 버리는 거나 마찬가지다.

책을 두 권 출판했다. 나태한 와중에서도 나는 어쩌면 작가일지 몰라, 라고 상상했다. 생각만 해도 달콤했다. 매일 읽지도 매일 쓰지도 않지만 나는 작가 비슷한 거지. 께느른한 얼굴로 '내 과거가 이 정도였지, 내 미래는 이러고 싶지'를 되뇌는, 허상 속에서 사는 사람이 됐다.

무엇이라도 매일 쓰는 사람이 되자고 생각했다. 회사생활에 의미가 없다면 왜 의미가 없는지 설명할 수 있는 사람이 되자. 적어도 내가 무슨 말을 하는지는 알고 불평을 하자. 의미를 회사에 맡기지 말고 스스로 찾자.

무언가를 찾고 있어, 나는 중얼거렸다. 권태와 피로 속에서, 귓가를 잡아당긴 말을 적어넣고, 그 말을 한참이나 들여다보며. 나는 회사의 목표를 내 삶의 목표와 동일시할 수 없다는 걸 알았지만, 그게 반드시 냉소적이라는 뜻은 아니다. 인생은 (회사와는 상관없이) 재미없고 의미 없는 것이다. 그런데 의미가 없어서 의미를 만들고 재미가 없어서 재미를 만들게 되는 것 또한 인생이다.

일이나 퇴사에 대한 책을 사서 줄 치면서 읽고 있다. 16년이나 지나도 여전히 잘 모르니까 이제부터 배우는 중이다. 일의 의미는 정말 없나? 만들 방도는 없을까? 그런 걸 궁리하는 중이다. 뭐가 됐든 하루하루 만드는 중이다. 회사가 내게 준 건 바로 이것인지도 모른다. 무언가를 찾고 있어, 퇴근 후 빈손과 빈 마음으로 나를 책상에 앉게 한 것, 어떻게든 무엇이든 찾아보려는 시간, 내가 찾은 건 바로 이 시간일지도 모른다.

0606 슬립 노 모어

뉴욕에서 <슬립 노 모어>라는 연극을 봤다. 관객들은 거대한 극장의 모든 방을 구석구석 드나들며 여러 배우를 좇는다. 여러 방에서 여러 장면이 동시에 진행되니, 모든 걸 다 보기도 어렵고 순서대로 볼 수도 없다.

나는 천천히 조연 배우들 위주로 따라다니느라 주인공은 거의 못 보고 곁다리 인물만 주로 봤다. 모든 인물이 강렬해서 충분히 만족스러웠지만 그래도 주인공을 봤어야 하는거 아닌가 했는데, 연출자는 "이러한 연극(이머시브 극)에서 모든 인물을 다 따라다닐 수 없고, 때로는 중요한 장면을 놓치고 다른 장면을 마주칠 수도 있는 게 인생"이라고 한다. 맞네 맞아.

곁다리 인물, 곁다리 시간이 어디 있을까. 내 눈앞에 일어나는 이 사건, 내가 지금 만나는 이 사람이 인생이다. 메인 줄거리 같은 건 사실 어디에도 없다. 우린 한정된 시간에 100개의 방 중 어떤 방들만 기웃거릴 수 있게 마련이고, 그게 내 인생의 메인 줄거리일 뿐.

집을 살지 말지, 산다면 어떤 집을 살지, 오래 망설였고 길게 고민했다. 선택이 어려웠던 건 가장 좋은 것을 선택하지 못할까봐 불안해서

였다. 하지만 가장 좋은 것을 선택하지 못한대도 지금 원하는 것을 선택하면 되니까. 놓칠 수도 있고 뜻밖의 것을 맞닥뜨릴 수 있는 이머시브 극이 인생이니까.

오늘 본 집을 사기로 결정하고 가계약금을 넣었다.

0607 계약

매매 계약서를 썼다. 난생처음 집을 샀지만 잔금을 치르고 이사를 하려면 한참 남아서 딱히 내 집이 생겼다는 감격은 크지 않다. 쫄보는 그저 불안하다.

반차를 내고 퇴근한 뒤, 마음에 드는 옷을 입고 얼굴을 단정히 하고 부동산으로 향했다. 본능적으로 이 계약 이전의 삶과 이후의 삶에 금이 그어질 것 같아서, 그에 어울리는 복장을 하고 싶었다. 중년의 인생과 계약한다, 다른 세계로 진입한다는 느낌. 퇴사나 결혼 같은 세리머니가 없었으니 좀 과장하고 싶은 건지도 모르겠지만.

좋든 싫든 기쁘든 두렵든, 이제 스스로의 가장이다.

0609 도망

집 때문에 매우 심란하다. 마음을 어떻게 다잡아야 할지 모르겠다. 죽도록 일해서 퇴사하고도 조금 버틸 만한 돈을 간신히 벌었는데, 귀한 돈을 집값으로 쏟아부은 것도 모자라 대출을 갚기 위해 다시 회사의 노예가 되어야 한다. 이 생각을 할 때마다 무척 우울하다. 인생을 저당잡혀 꾸역꾸역 번 돈을 은행에 쏟아붓고 나면 내겐 뭐가 남을까, 여기까지 생각하면 미래를 다 빼앗긴 것 같아 숨이 막힌다.

퇴사할 때까지만 살다가, 퇴사하면 집을 팔아서 먼 곳의 작은 집으로 이사가자. 그때까지 저축하듯 대출을 갚으면 된다고 계속 주문처럼 스스로를 다독인다.

겁쟁이여서 항상 "그만둘 거야" "도망갈 거야" 라고 말한다. 어떻게든 극복해내면 좋겠지만, 안 되면 도망가야지.

0612 드라이브

친구가 회사 그만두고 외국에 공부하러 갔다가 안 맞아서 반년 만에 돌아왔다. 아마 나였다면 퇴사한 거 아깝고 유학준비한 거 아까워서 못 돌아오고 투덜투덜 죽네사네 울며불며 외국 생활을 지속했겠지. 무언가를 포기하는 건, 무언가에서 도망치는 건, 끈기가 없는 게 아니라 용기가 있는 거였다.

인생의 운전대를 스스로 잡은 사람의 의연함을 유지하는 것. '내 것이 아니었어' 말하고 다시 운전대 틀어서 나아가는 것. 그걸로 충분하다. 조금 돌아간대도, 뭔가를 놓쳤대도, '그건 내 길이 아니었네' 하면 그만이다. 운전대만 흔들리지 않으면 다시 길을 찾을 테니까. 운전대를 잡은 나의 손, 오직 그 두 손만이 중요하다.

0614 물고기 박제

 인생에 오직 나와 회사뿐이어서 나에 대한 생각과 회사에 대한 생각 말고는 어떤 생각도 하지 못한다. 골판지 사이에 눌린 물고기 박제 같은 나. 애초에 바다가 있긴 했을까. 가끔 바닷속 고래를 떠올리네 가끔 말라비틀어진 아가미가 뛰고 뻣뻣한 백색 눈알이 축축해지네. 당신은 예언했지 너는 뱅어포로 일생을 마칠 거야. 생선 가루가 되어 손끝으로 옷깃으로 바닥으로 묻어나 너의 비린 기억이 되는 일.

 당신이 만약 생전 처음 보는 바다가 마음에 들었다면 필시 내가 울고 있었기 때문이지. 말했잖아, 소생할 것 같지 않았던 장기가 부풀어 오르면 푸른 비늘이 돋고 뽑힌 혀가 붙으면, 온전하지 못해도 헤엄치겠다고. 바다가 되어줘 해일을 불러줘 플랑크톤을 섞어줘. 딱 한 번만 물고기가 되고 싶어.

0618 이상한 사람

굉장히 좋아하는 작가가 몇 있는데, 그의 책 중 별로인 걸 읽어도 이건 별로였다고 말할 수가 없다. 그 작가는 나를 모르니 아무 상관도 없는데도 그렇다. 나는 이상한 사람.

사랑하는 사람을 단편적인 어긋남으로 쉽게 재단하지 않으려 한다. 배신당해도 사랑했던 기억만으로 이미 다 받았다.

0619 좋아하지 않는 사람

사이가 나쁘진 않았지만 어느 순간부터 나를 그리 좋아하지 않게 된 사람을 만난 일이 있다. 혹시나가 역시나다. 다정함은 없고 우스운 듯 얕잡아보는 듯한 말들을 툭툭 던진다. 우리가 더이상 맞지 않는 사이라는 걸 확인하고 돌아온 적이 있다. 그를 비로소 연락처에서 삭제했다. 왜 찾아갔을까, 왜 관계를 확인하려 했을까.

애초에 인맥 있지도 않았지만 나이들며 더더욱 포기했다. 알던 사람이라는 이유로, 나중에 도움 받을 것 같다는 이유로 사람 챙기지 않고, 마음에 안 드는 사람 만나지 않는다. 회사원이 귀중한 여가시간에 누군가를 만나는 건 돈보다 귀한 시간을 쓰는 거다. 좋아하는 사람만 만나기에도 인생이 짧다.

0623 녹색

신촌에 오면 먹고 싶은 음식을 사먹고 좋아하는 카페에 가서 책을 읽거나 노트북을 한다. 20대에도 그랬고 30대에도 그랬는데 40대에도 똑같이 하고 있다.

오늘도 우동에 파를 산더미처럼 얹어서 온몸에 파 냄새를 풍기며 먹은 뒤 좋아하는 카페에 가서 일기도 쓰고 그림도 그렸다. 이 시간을 위해 나는 맥북과 스케치북과 72색 색연필과 연필 지우개 드로잉펜을 이고지고 전철 갈아타고 신촌까지 온 것이다.

카페에서 두어 시간 보내고 경의선 숲길 잔디밭에 앉았는데 생각보다 덥다. 그늘이 있긴 한데 애매하고, 개미가 조금 신경쓰이고. 역시 도시인은 카페인가.
나무 밑에 구부정하게 앉아서 맥북 들여다보거나 스케치북에 그림 그리는 중이다. 자전거와 강아지와 돗자리가 있는 6월, 미풍과 볕만으로 급속충전되는 마음.

예전엔 개성있고 매력적인 것에 끌렸다. 이젠 그냥 이런 게 좋다. 별 재미는 없어도 하늘색 녹색 보고, 맑고 바르고, 마음에 걸리는 거 없고.

0624 선생님 만난 날

난 대학원을 나왔는데 그 이유는 대학을 졸업하고 취직이 너무 안 됐기 때문이다(토익점수조차 없었으니 당연한 거겠지). 유학을 갈까 했지만(공부를 하고 싶은 건 물론 아니었다. 막연히 해외생활 한번 해보고 싶었음) 영어공부도 하고 이런저런 준비도 해야 하는데 귀찮고 영어도 못하고 돈도 없었다. 그래도 백수보다는 대학원생이 있어 보일 듯해서(쓰다보니 한심하기 짝이 없지만 사실인 걸 어쩌겠나) 대학원에 원서를 냈는데, 면접에서 대답 한마디 제대로 못했음에도 모교 출신이라 합격이 돼서 아무튼 석사가 됐다.

졸업한 지 15년 만에 처음으로 지도교수를 만나러 갔다. 내가 나이가 좀 어렸으면 이렇게까지 반가웠을까 싶을 정도로 반가웠다. 선생님이 95년도부터 교수직을 했고 그때가 마흔 중반이었는데 97학번인 나는 그때 선생님 나이가 돼 가고, 선생님이 3년 후에 정년퇴직을 한다니 이만큼의 세월이 한 바퀴 더 돌면 내가 지금의 선생님 나이겠구나 싶어 애틋했다. 선생님도 우리가 정말 반가운지 꼭 다시 찾아오라 하고, 나도 진심으로 그러겠노라 했다.

사회생활을 하며 많은 사람들을 만나지만 진짜 좋아하는 일은 점점 더 어려워지니, 좋아하는 사람을 만나면 존재만으로 고맙다. 내심 놀랐던 건, 선생님이 내가 결혼하지 않은 것에 대해 놀라움이나 걱정, 의문을 표할 거라 예상했는데(일반적으로 42세엔 기혼일 거라 기대하는게 흔하니까. 그가 60대라면 더욱), 어떤 코멘트도 없이 넘어가는 거였다. 게다가 학생들과 아직도 '스터디'를 한다니! 젊음은 연령의 종속변수가 아니었다.

그나저나 내가 쓴 팬덤 관련 논문이 요즘 케이팝 열풍을 타고 다른 논문에 인용이 많이 되고 있다는 소식을 들었는데 역시 시대를 앞서간 논문이 아니었을까, 혹시 학교에 남았으면 교수 될 수 있지 않았으려나 흐뭇한 공상에 잠겼지만 나의 대학원 시절을 복기하고(SPSS 이해 못해서 모든 학생 중 유일하게 D 받음, 논문 쓰기 싫어서 매일 도서관에서 엉엉 울었음), 얼른 깨몽 외치면서 집에 왔다.

0625 편애의 우주

마음이 상해 있군요. 알 수 있어요. 나 역시 회사생활을 해왔잖아요. 당신이 어떤 포인트에서 실망했는지, 어떤 순간 좌절했는지, 어떤 방식으로 슬펐는지, 나는 당신의 한마디만 듣고도 짐작할 수 있었답니다.

그래요, 당신은 물론 객관적으로 완벽할 수 없을 거예요. 당신을 향한 그 지적은, 어쩌면 옳은 것이겠지요. 하지만 우리가 무언가를 완벽해서 좋아하던가요? 모두가 고개를 끄덕이는 글은 이미 글이 아닌 프로파간다에 불과한 것.

내가 지금까지 좋아해온 모든 것들은 완벽의 기준이 아니라 철저히 편애의 기준으로 정해져 왔지요. 나는 불완전한 당신을 다른 어떤 완전한 것보다 좋아합니다. 편애받지 못하는, 모두에게 칭찬받는 삶이란 얼마나 가난한가요. 나의 전 생애에 걸친 편애의 우주 속에서, 그토록 완벽한 당신.

0626 권태기

요즘 나는 아무것도 안 한다. 표면적으로는 회사도 다니고 밥도 먹지만 딱 그것뿐이다. 남이 보기엔 멀쩡해보일지 몰라도 스스로는 지금의 생활이 엉망이라는 것을 알고 있다. 늦게까지 잠을 자지 않아서 수면부족 상태이며, 회사에서는 머리가 멍하다. 꼭 필요한 일 아니면 미루고 미뤄서 제대로 돌아가지 않는다. 몇 년이나 다녔으니까 모든 게 익숙하다 못해 지겹다.

친구에게 요즘의 생활을 토로하니 그가 말한다.
"그럴 때도 있는 거지. 사람이 어떻게 열심히만 살아."
사실 나는 요즘 나의 이 무기력을 치유하기 위해 몇 명인가에게 조언을 구했는데 그 어떤 말보다 와닿았다. 그럴 때도 있는 거지. 권태를 견딜 수 없을 때마다 그 말을 떠올린다.

처음 입사했을 때 항상 자리에 앉자마자 기도를 했다. 오늘 하루도 열심히 일하게 해달라고. 하루하루가 소중해서 하루하루 최선을 다해 일하길 바랐다. 그때는 그런 시절이었으니까. 늘 처음 같을 순 없으니까. 권태로운 순간도 인생이니까. 어떤 삶에도 그럴 때는 있으니까.

때로는 끄덕임만으로 울결이 풀린다. 누군가의 말을 들을 때 굳이 해결책을 주려 하지 않고 그랬구나, 말해주는 것만으로 마음이 누그러진다. 마음의 진동을 천천히 삼킬 줄 아는 넓은 사람이 곁에 있어서 다행이다.

0627 얼룩무늬

회사원은 크게 얼룩말과 당나귀로 나뉜다(고 해보자). 회사가 원하는 얼룩말로 태어났으면 편했을 텐데. 얼룩나귀(얼룩말과 당나귀의 혼종으로 내가 만들었음)도 되지 못하는 당나귀들에게 회사생활은 종종 피곤하다. 얼룩말들이 진심으로 걱정하거나 진심으로 기뻐하는 일에 당나귀들은 어리둥절하다. 회사 일이 이렇게까지 걱정되거나 기쁠 일인가? 이게 나와 무슨 상관이지? 그렇지만 걱정하는 척, 기쁜 척, 얼룩무늬를 그린다. 얼룩무늬를 능숙하게 그리지 못하는 당나귀들은 '쟤는 어쩌면 저렇게 무심할 수 있냐'고 손가락질을 받는다.

그렇다고 당나귀들이 특별히 일을 게을리하는 건 아니다. 얼룩말과 당나귀의 무임승차 비율은 의외로 차이가 크지 않다. 손가락질은 손가락질대로 당하고 짐은 짐대로 나르는 고달픈 당나귀들이 생각보다 많다는 이야기다.

그래서 당나귀들의 목표는 '난 열정이 없다'는 솔직한 말로 점수를 까먹은 뒤 울면서 12시간을 일하는 노예나귀가 되지 않는 것이다. '일이 너무 재밌어요! 아이 러브 나의 회사! 진짜 열심히 할 거예용!'을 외친 뒤 9시간 후에 사라지는 삶을 꿈꾸며 오늘도 당나귀들은 거죽 위에 서툴게 얼룩무늬를 그린다.

얼룩무늬를 그리다가 가끔 눈을 감는다. 나는 민무늬 당나귀여도 괜찮은데. 내가 나일 수 없는 순간들의 극심한 피로.

0628 냉면과 헤엄치는 법과 페르마의 엔딩

어제 집에서 짜증이 나서 의아했다. 회사에서는 십중팔구 짜증난 상태지만 퇴근과 동시에 기뻐지는 조삼모사 원숭이적 패턴을 줄곧 유지해왔으니까. 집에선 보통 뭔가를 배불리 먹거나, 침대에 누워서 트위터를 보거나(실실 웃으며 핸드폰을 보고 있으면 동생이 "또 트위터 하는구만"이라고 말한다), 아무튼 삶의 의무를 모조리 방기한 채 본능대로 살고 있으므로 짜증날 일이 없다.

짜증을 내다가 '혹시?' 하고 에어컨을 틀자마자 깨달았다. 아, 더워서 짜증이 난 거였구나! 에어컨을 틀자 즉시 행복해지는구나! 그렇게 짜증과 에어컨과 함께 여름이 왔다.

퇴근길엔 대체로 저녁을 사먹고 싶은 욕망과 싸운다. 밥솥에 밥이, 냉장고에 반찬이 있으니 집에서 먹으면 될 일이다. 건강한 집밥 한 끼는 손쓸 수 없이 진행 중인 뱃살 증가를 막아주며, 붓기 없는 내일을 보장해주고, '간단히 먹고 요가를 가볼까' '소화시킬 겸 청소나 하자' 등의 수많은 긍정적 나비효과를 발생시킨다. 또한 계약한 집의 잔금을 치를 돈이 위태로운 관계로 거의 매일 통장잔고를 확인하고(늘어나지 않는데 왜 보는 것일까) 아껴야 된다고 거듭 다짐하며 '자체 주급 용돈 가이드라인'으로 지출을 통제하는 극한 절약 중이니 외식을 자제하는 게 당연하기도 하다. 외식을 하지 않아야 할 이유는 이렇게나 차고 넘친다, 그러나.

"퇴근하겠습니다"의 1차 기쁨 샤워에 이어 "물냉 하나요"로 2차 기쁨 샤워. 바글바글한 사람들 가운데 비좁게 놓인 일인 테이블에 앉아 허겁지겁 냉면을 입에 넣는다. 바 로 이 거 야 너 무 맛 있 다 세 상 행 복 해 일 단 먹 자 몰 라 몰 라 월 급 나 오 겠 지. 매월 리필되는 월급을 받는 보람을 가장 강렬하게 느끼는 때는 집을 계약할 때도 부모님 여행 보내드릴 때도 맥북을 일시불로 결제할 때도 아니고, 먹고 싶은 음식을 사먹을 때였다.

면을 클리어하고 남은 국물을 숟가락으로 29번쯤 떠먹으며 아쉬움을 달래고 있는데, 옆 테이블에 노년의 손님이 앉았다. 추리닝 차림에 부스스한 얼굴, 냉면과 함께 주는 고기를 가위로 잘게 자르고 있다. 이가 안 좋으니까 그렇겠구나… 갑자기 몇십 년 후의 내 모습이 오버랩된다. 그때도 나는 계속 냉면을 좋아하겠지. 혼자 방구석에서 트위터를 하다가(그때까지 핸드폰을 장시간 볼 만큼 시력이 괜찮을까? 그런데 그때쯤이면 분명 나같은 핸드폰 중독 노인들이 많아져 '노인을-위한-핸드폰-장시간-보조-썸씽'이 출시되지 않을까? 수요가 공급을 창출할 자본주의의 미래를 믿습니다!) 주섬주섬 냉면집에 가는 모습. 주름과 흰머리 빼면 지금의 나와 동일한 모습이다. 그리고 나는 약한 치아 때문에 고기를 잘게 자르고 있겠지.

나이가 들수록 관대함과 여유가 생기는 줄 알았는데 피곤과 귀찮음만 늘어난다. 웬만한 좋은 일도 나쁜 일도 '그러려니'로 수렴되는 일상은 자주 권태의 차원으로 이동한다. 손톱 끝만 불편해도 온 신경이 그리 쏠리는데, 점점 말을 듣지 않는 몸으로 불쾌와 싸우게 되는 시간이 늘어나겠지.

약해지는 몸은 식이와 운동으로 돌보는데, 약해지는 마음은 어떻게 돌봐야 할까. 늘어가는 불안을 견디고 괴로움을 도닥이는 일은 어떻게 가능할까. 잘 나이든다는 건 컨디션을 유지하기 위한 몸과 마음의 싸움일지 모른다.

줄곧 회사원으로서의 스스로에게 박하게 대해왔는데 '나에게 따뜻하게 대하기'를 실천하면서 삶의 질이 비약적으로 향상됐다. 그래서 더더욱 일을 못(안) 하고 더더욱 나 자신만 둥가둥가 해주는, 더더욱 나만 아는 회사원이 되었습니다. 뭐 어때요. 우리는 각자 자신의 방법으로 헤엄치며 살고 있는걸요.

그러면 일하기 싫고 힘들고 못 하고 안 하는 중년 회사원은 어떻게 헤엄치고 있는지에 대해 쓰고싶은데 맥북에 남은 여백이 없어서 증명을 생략하는 페르마의 엔딩입니다.

0629 심해 서울

신촌에 들를 일이 있어서 '신촌 수제비'에 갔다. 까마득한 옛날, 대학생 시절 드나들던 곳. 오랜만에 먹은 수제비는 기억 속의 수제비만큼 맛있지 않다.

15년 만에 지도교수를 찾아갔을 때 "제가 다닐 땐 이 건물이 없었어요"라고 하자 교수가 "너 그렇게 옛날 사람이었니?" 한다. 20여 년 지났으니 부수고 메우는 천지개벽 사이클이 두 번은 더 돌았대도 이상하지 않다. '예전엔 안 그랬는데' '나 땐 이랬었는데'를 반복하는 나이가 됐다.

불과 얼마 전까지도 예전 회사가 있는 곳도, 졸업한 학교 근처도 잘 못 갔다. 그 일대만 지나면 마음이 이상해서다. 행복한 기억이 많은데 왜 마음이 아픈 걸까. 아마 다시 돌아오지 않는다는 걸 알기 때문이겠지.

심해 유적처럼 가라앉은 날들을 들여다본다. 어떤 날도 어떤 장소도 결국은 부서지고 녹슬어 사라질 뿐이겠지만, 사랑한 기억만이 밋밋한 일상에 일렁이는 물 그림자를 드리운다. 그때 느끼는 싱숭생숭한 멀미, 사실은 그게 사치고 축복이었지. 내가 사랑했던 장소들, 내가 사랑했던 수많은 순간들. 내가 사랑한 서울.

0701 사라지지 마

뉴스 관련 일로 사회생활을 시작했고 회사를 옮겨서도 계속 비슷한 일만 하다가, 전혀 다른 팀으로 옮기게 됐다. '옴니아'를 거쳐 '갤럭시' 스마트폰이 나오던 시기, 사라져가던 유무선 연동 인터넷(WAP) 팀이었다. 나의 주 업무는 WAP 블로그 관리. 매일 이벤트를 해서 기프티콘을 발송하고, 블로그마다 쫓아다니며 댓글을 달고, 서비스 기획서를 쓰고, 외주업체에 프로젝트 발주를 했다.

회사생활 7년차 정도의 자신감과 시니컬함으로 가득 찬 2인조가 나의 사수였다. 실망시키는 게 무서워서 기대치를 낮추기 바쁜 겁쟁이 못난이(=나)는 2인조를 만나자마자 선량하게 말했다. 저는 아무것도 못하고 저는 하나도 모르고 저는 바보입니다. 회사에서는 진짜 내가 아니라 내가 보여주는 나를 본다는 사실을 몰랐던, 순진했던 때였다. 작은 단점도 크게 혼날 일이 되고 긴장은 실수를 부르는 악순환 속에 회사생활은 악몽이 되어갔다. 숫자는 취약 분야고 기획은 자신이 없고, 유일하게 보통 수준이라도 하는 건 오직 블로그 운영뿐이었다.

이용자인 척 블로그도 만들었다. 비 오는 날 만들었을까, 이름은 대충 '에브리 레이니 데이'. 틈틈이 일기를 쓰고 댓글도 달았다. 화장실에서 울고 와서 '언젠가는 비가 그칠 거고 어쩌고' 한 줄 남기면 따뜻한 댓글들이 달렸다. 유명하지 않고, 사용자가 적고, 주로 활동하는 사용자는 더욱 적어서 우리는 쉽게 친해졌다. 나는 이삼백명의 헤비 유저를 모두 기억했고, 매일 그들의 블로그를 보고 댓글로 얘기를 나눴다. 시험 끝났구나, 옷 샀네, 이 가수를 좋아하는군, 그런 것들을 모두 알게 되었다. 업무는 힘들었지만 출근하면 모니터 너머 친구들을 만날 수 있었다.

몇 달이 지나고 끝내 적응하지 못해서 팀을 옮겨달라고 했다. 옮겨주지 않으면 퇴사하겠다고까지 했으니 제법 비장했다. 그렇게 그곳을 떠났고 모두와 연락을 끊었다. 그렇잖은가. 꼴도 보기 싫었다. 모든 관계와 기억을, 전화선을 깔끔하게 자르듯, 수화기를 들어도 암흑만 남도록. 안녕이라는 말조차 하지 않았고 그 세계에서 완전히 사라지길 원했다. 우스운 꼴이든 불명예 퇴진이든 뭐든 시간은 흘렀다. 운영자 아닌 척했던 블로그 역시 잊었다.

컴퓨터를 바꾸면서 북마크를 정리하다가 잊고 있던 블로그를 만났다. 회사는 서비스를 접기로 한 듯 운영이 제대로 되지 않고 방치된 기색이 역력했다. 오랜만에 '에브리 레이니 데이'를 넘겨보다 놀랐다. '쥐님 돌아오세요' '무슨 일 있는 건 아니죠' '쥐님의 일기를 보는 게 낙이었는데' '어디 가셨어요'… 수십 개의 댓글이 달려 있었다. 그렇게 열심이던 사람이 하루아침에 증발해버렸으니. 그렇다, 우린 친구였는데.

내가 울며 쓴 문장에서 눈물 자국을 느껴주고, 타인의 우울에 진심으로 공감했던(나도 우울했으니까), 우린 그 힘든 시기를 손잡고 버틴 친구였는데.

그 팀을 떠나고 처음으로 다시 그 팀 때문에 울었다. 그 블로그가 없었더라면 내가 그 시절을 어떻게 버텼을까. 얼굴도 본명도 몰랐지만 얼굴과 본명을 아는 사람들보다 더 깊숙이 우리는 서로의 곁에 있었다. 한때 나의 위로이고 자존심이고 버팀목이었던 사람들, 우리는 분명 손잡고 있었지. 비 내리는 마음에 우산을 건네받던 순간을 기억했다. 나는 왜 그렇게 사라졌을까.

시간이 흘러 2인조보다 더 많은 나이가 되어 SNS를 만들었다. 일단 아이디는 '에브리 레이니 데이'로 정한다. 만약 '토씨(서비스 이름이었다)'에서 '에브리 레이니 데이'의 '쥐'를 만났던 사람이 이곳에 우연히 방문한다면, 그런 생각을 하면서 지었다. 말도 안 되는 이야기지만, 아마 기억조차 못하겠지만, 그래도 그런 일이 일어난다면. 우리 서로 그때 만났던 사람이란 걸 모르는 채 스쳐가지만, 모니터 너머 글자로 이루어진 세계에서, 이상한 그리움에 살짝 숨을 들이켠다면. 분명 그런 기적을 떠올리면서 만들었다. 그러니까 이 '에브리 레이니 데이'는 오래 해야지.

이젠 사라지지 않을게.

0702 작은 새들

방금 엄마가 나한테 넌 남자도 안 만나냐고 해서 남자는 고사하고 친구도 없다고 대답해줬다. 방구석에서 허구한날 핸드폰만 보고, 회사에서는 개밥에 도토리라고.

재미없는 인생이지만 그래도 아름다운 순간이 있는데 최근에는 영화를 보고 구원받았다. <퍼스트 리폼드>라는 영화였다. 영화관을 나오는데 더이상 외롭지 않았다. 외로운데 외롭지 않은 기분.

오늘은 머리를 말리면서 사이먼 밴 부이의 소설 '작은 새들'을 읽었다. 계속 드라이기를 대고 있어서 머리카락이 바삭바삭해졌지만 또 외롭지 않아졌다.

저음으로 말할 것 / 잔잔하게 웃을 것
햇빛을 가득하게 / 음악은 고풍으로
그리고 목숨을 걸고 / 그 평화를 지킬 것
—유자효 '가정'

그래서 목숨을 걸고
이 작은 새들을 지킬 것.

여름

느려도 돌아가도, 나만의 것을 찾을 수 있길.

0704 마요네즈 양

편안함과 풍요로움이 얼마나 귀한 것인지 깨닫지 못할 만큼 편안하고 풍요로운 일상. 안락한 육신은 한껏 게을러져 조금의 불편도 참지 못한다. 대표적인 게 미식 취미. 어느 순간 식사는 배를 채우는 데 그치지 않고 간사한 혀의 만족을 위한 일이 되었다.

저렴한 투어였기에 햄이나 치즈 등속을 곁들인 빵을 주로 먹었고, 결코 맛있다고 할 수 없는 한 그릇 음식(양고기나 소량의 야채를 곁들인 밥 혹은 파스타)이 그나마 가장 풍성한 식사였다. 좋고 싫은 것 많은 나로서는 참으로 괴로운 한 끼 한 끼여야 했는데, 신기하게도 괴롭지 않은 한 끼 한 끼였다. 좋아하지 않는 양고기도, 매일매일 똑같은 빵도, 검박하고 단조롭던 그 모든 음식이.

몽골 북부를 달리다가 적당한 공터에 차를 세우고 테이블과 식재료를 꺼내어 점심을 차린다. 빵에 마요네즈를 발라 먹다 누군가의 빵을 보고 소리내어 웃었다. 우리가 본 수천 마리의 양들 중 한 마리가 마요네즈 그림으로 빵에 앉아 있었다. 이보다 맛있는 한 끼가 있을까. 마요네즈 양이 앉은, 작고 굳은 빵. 이제 나는 원하는 것은 무엇이든 먹을 수 있지만, 지금 이 순간 그 빵 한 조각보다 더 원하는 음식이 있을까.

(옛날여행 : 몽골일기 1)

0705 산

낮은 산을 오른다기에 물병 하나 챙겨서 설렁설렁 따라나섰다. 낯선 풍경마다 멈춰서 사진을 찍어대다 보니 일행과 떨어지게 됐다. 어쨌든 길은 하나랬으니까 위에서 만나리라.

산은 점점 가팔라졌다. 한 발이라도 잘못 디디면 굴러떨어질 듯한 돌길이었다. 힐끗 뒤를 돌아보고서야 경사가 얼마나 급한지 깨닫고 공포에 질렸다. 게다가 내 신발은 미끄러지기 딱 좋은 얇은 스니커즈였다.
'혹시 잘못 디디면, 사람 한 명 보이지 않는 이 몽골 오지에서…' 겁이 덜컥 났다.
'이렇게 죽을 순 없다. 살아 돌아가야 한다. 일단 일행을 찾자.'

이를 악물고 올라 산 중턱에 다다랐지만 사람 그림자도 볼 수 없었다. 생각보다 산은 아주 컸다. 분명히 나보다 뒤처져 따라오던 줄리아도 보이지 않았다. "줄리아! 시모나! 리아! 프랑소와!" 일행의 이름을 목이 터져라 불러댔지만 어떤 기척도 없었다. 광대한 산에 나 혼자였다.

'정신 차리자. 곧 일행을 만날 수 있을 거야.' 필사적으로 사방팔방을 둘러보며 수십 번을 외쳤지만 정적이 흘렀다. 무서워서 가슴이 터질 듯했고 저절로 눈물이 나왔다. "이거 아무것도 아니야. 나중에 지나고 보면 아무 일도 아니니까 당황할 필요 없어." 스스로를 다독이는 목소리가 와들와들 떨렸다.

왼쪽 산줄기로 좁은 길이 있었다. 다들 이 길로 갔을까? 망설이다 일단 발을 뗐다. 꽤 먼 길이었지만 힘든 줄도 몰랐다. 물론 애타게 '줄리아 시모나 리아 프랑소와'를 내지르는 한편 '헬프 미'도 추가하며.

한참 걷다가 불현듯 깨달았다. '이쪽 길은 아니야. 여긴 너무 멀잖아. 이렇게 평평한 능선을 계속 탔을 리가 없어.'

절박하게 주위를 둘러보니, 오던 길 끝에 사람 같은 형체가 언뜻 보였다. 워낙 멀어서 확신할 수는 없었지만, 짐승이나 나무 같기도 했지만. 또다시 '줄리아 시모나 리아 프랑소와 헬프 미'를 외쳤지만 내 목소리는 그곳까지 닿지 못했다.

어쨌거나 그 형체가 사람이길 빌면서 다시 길을 되짚어 가기 시작했다. 그 와중에 근심은 구체적인 모습으로 부풀었다.

'일행을 만나지 못하면 가파른 길을 다시 되짚어 내려가야겠지. 굴러떨어지면 쥐도새도 모르게 오지 실족사야. 하지만 계속 여기 있으면, 해가 지기 전까지 체온을 유지할 곳을 찾지 못하고 산에서 밤을 맞는다면…'

최악을 상상하던 와중에, 나는 아까 본 형체가 프랑소와임을 확인하고 비명을 지르며 달려갔다.

"헤이!"

태연한 그의 인사에 눈물이 쏟아질 뻔했다. 과묵하고 시크한 성격, 전혀 친근하지 않았던 프랑스인이 갑자기 내 목숨을 구해준 신으로 보였다.

"너 왜 저쪽 길에서 오는 거야? 그것도 엄청난 속도로. 난 네가 산에서 달리기를 하는 줄 알았어." 그가 의아한 얼굴로 물었다. 그랬다. 공포에 사로잡힌 나는 거의 초인이었다.

아직까지도 그 산에서 찍은 사진을 무서워서 잘 보지 못한다. 이 이야기 역시 어떻게 꺼내야 할지 몰라서 아무에게도 하지 못했다. 어떤 교훈이나 감흥 같은 것이 없지는 않았지만, 그게 무엇인지는 명료하게 알 수 없다. 단지 평생 안주할 수만도 모험할 수만도 없으니, 인생을 여행하는 환희와 죽음의 낯선 얼굴을 다 껴안고 산을 오를 뿐이다. 사진을 찍어가며 신나게, 혹은 가파른 돌길에서 엉금엉금. 무서워서 울고, 무엇인가를 찾고, 마음으로부터 안도하며.

어쨌든 우리는 단 한 번만 산다.

(옛날여행·몽골일기 2)

0706 어른의 위로

어려운 요가 자세를 못해서 기묘한 포즈로 부들거리고 있는데 선생님이 "안 되면 안 해도 돼요. 나무자세 해도 괜찮아요"라고 해서 나무자세 하고 있었다. 한쪽 발을 종아리에 붙이고 길게 호흡하며 균형을 찾아갔다.

무리하지 않아도 된다, 못 하면 더 쉬운 자세 하면 된다. 요가 특유의 이 '괜찮아요 스피릿'이야말로 운동싫어병자인 내가 몇 년이나 요가를 하게 만든 원동력이 아닐까 싶다. 안 해도 돼, 못해도 돼, 하는 만큼만 해도 돼. 그런 말을 들으면 인내심 없는 청개구리 마음이 흐물흐물 녹으며 되는 동작부터 조금씩 하게 된다.

뜻밖의 부서로 발령받았다. 모종의 사연과 겹쳐 울고불고 하다가 천근만근 떨어지지 않는 발걸음으로 출근했다. 어찌하랴, 목구멍이 포도청이고 이제 여기로 쫓겨난 것을.
새로운 상사에게 '오늘부터 여기서 일하게 됐습니다. 열심히 하겠습니다' 인사했다. 내 사연을 대충 전해들은 바 있는 그가 손사래를 쳤다. "열심히 안 해도 돼. 우리 회사 그렇게 열심히 하는 곳 아니잖아. 그냥 편하게 일해요."

상심하고 위축돼 있던 내게 어떤 위로도 그 말보다 힘을 줄 수는 없었으리라. 나는 거의 울 뻔했으니까. 안 하면 어떻고 못 하면 어때. 죽고 사는 일도 아닌데 뭐가 그리 절박할까. 이후에도 축 처진 어깨가 될 때마다 가끔 그 말을 꺼내본다.

괜찮아, 라는 말이 좋다. 하는 데까지만 해도 돼, 진짜 괜찮아. 강요하고 찍어누르면 하던 일도 놓고 싶은데, 괜찮다고 하면 오히려 계속하고 싶다.

내가 회사를 계속 다닌 데에도 부모님의 '괜찮아 스피릿'이 한몫한 거 아닐까 싶다. 회사를 그만두겠다고 했을 때 부모님은 "그만둬라. 네 인생이니까 네 마음대로 하는 게 맞다"고 대꾸했다. 그래서 내가 지금까지 계속 다닌 게 아닌가 싶다. 난 청개구리니까. (갑자기 든 생각인데 그건 나의 괜찮다고-하면-갑자기-열심히-하는-청개구리-스피릿을 간파한 부모님의 큰 계획이었을지도 모르겠다.)

괜찮다는 말을 들을 때마다 나는 괜찮아진다. 그래서 계속하고 싶어진다. 금방이라도 엎드려 쉬고 싶다가도, 나무자세 해도 괜찮아, 라는 말을 들으면 한쪽 다리를 부들거리면서라도 끝까지 하고 싶다. 못해도 돼, 안 해도 돼, 뭐 별거라고. 하는 데까지만 하는 걸로 충분해. 괜찮아, 진짜 괜찮아. 어른에게 어른이 건네는, 어른의 위로.

0709 개 좋아하세요?

그래서 네, 하고 대답했더니 음료 준비하는 동안 안고 있어달라고 해서 개를 안고 있었다. 뭉근하고 따뜻한 개가 품에 안겼다. 제주 금능에 있는 닐스카페에서의 일이다.

대부분의 시간 동안 그렇지만 유독 더더욱, 회사에 있을 때 나는 꼭 영원히 살 사람처럼 군다. 나이가 마흔이 넘도록 그런다. 언젠가는 퇴사하겠지만 실감이 나지 않는다. 언젠가는 내 주변의 동료들이 사라지고 언젠가는 매월 들어오는 월급이 끊기고 언젠가는 사무실에서 일하는 나의 젊은 모습도 추억이 되리라는 것이.

가끔 회의실에 물병을 자릿수만큼 놓거나, 결재가 나길 기다리며 소파 한구석에 앉아 졸거나 하는 순간에, 이 풍경도 추억이 되겠지, 과거형의 미래를 더듬는다. 피가 거리낌없이 돌고, 피부는 팽팽하고, 인생에서 눈앞의 종이 몇 장 말고는 딱히 거리낄 게 없었던 시절, 곧은 다리로 몇 번이나 나의 책상과 상사의 자리와 회의실을 오가던 날들. 힐끗 시계를 쳐다보고, 화장실을 갈까 말까 생각하고, 기지개를 켜거나 책상 서랍을 열던 수많은 순간들.

나중에 보고서 안의 내용은 기억나지 않아도 보고서와 물병을 같이 세팅하던 순간을 기억하고 싶다. 그건 일종의 따뜻한 강아지 같은 거다. 비록 내 일은 내게 강아지가 되지 못할지라도, 내 일을 하던 시간을 소중하고 따뜻하고 그리운 시간으로 만들고 싶다.

'얼음은 사라지고 손에 엷은 물자국만 남아 있었다.' (김애란 '노찬성과 에반' 중에서) 회사 일로 사는 게 아니라 수많은 사건과 사람들과 그 시절을 지나온 시간으로 사는 거야. 매일이 이처럼 느린 추억이었으면. 품 안의 개처럼 따뜻하게 부드럽게 무르게, 어느 순간 물처럼 없어지게.

0711 작은 것들

항상 퇴근하면 운동 가야지… 다짐하지만 퇴근하면 꿀 바른 벌처럼 훨훨 집으로 날아간다. 억지로 의지를 불태워서 운동 가봤댔자 피곤해서 누워있다시피 하거나 매트 위에서 잠이 들어버려서 "쥐돌님 많이 피곤하신 것 같아요. 이렇게 운동해봤자 아무런 도움이 되지 않으니 차라리 집에 가시는 게 좋겠어요."라는 선생님의 상냥하(지만 무서운) 말을 듣고 씁쓸하게 집으로 향하는 일이 대다수다. 그나마 사람답게 운동을 할 수 있는 건 회사 쉬는 날이나 오후 근무일 때.

아침에 일어나 운동 다녀와서 밥 차려먹고 출근했다. 밥솥에서 밥 푸고, 3분카레 붓고, 알타리 무김치 꺼내고. 가방에 바나나 간식 넣고 회사로 출발. 검박한 밥상과 단순한 운동과 소박한 하루. 작은 것들을 사랑해.

0713 완벽한 하루

인터넷에서 '사랑에 빠지는 30가지 질문'이라는 글을 봤다. 각자의 가치관을 엿볼 수 있는 30개의 질문이 나열돼 있다. 심각한 질문들이 계속되다가 그 질문이 나왔다. '당신에게 완벽한 하루는 어떤 하루인가?'

말하자면 하루 신봉자다. 하루가 모여 일 년이 되고 인생이 된다고 믿는다. 특별한 하루만을 모으지 않고 매일의 사진을 모으는 일을 몇 년째 하고 있고, 이 일기도 그런 믿음에서 탄생했다. 그런데 하루 신봉자답지 않게 나의 하루는 허술하다. 일단 대부분 회사에 있고, 회사에 있지 않으면 대부분 늘어져 있다. 어떤 보람된 일도 없고 어떤 재미있는 일도 일어나지 않는다. 의무적으로 해야 하는 일 몇 가지를 해치우면 다시 침대에 누워 핸드폰을 보고 있다.

어제 집주인에게 당황스러운 소식을 들었다. 11월에 재건축 명도 소송 끝난대서 11월로 이삿날을 맞췄는데 9월에 철거를 시작하니 이사를 가 달란다. 스트레스를 쥐포와 맥주로 푼다는 핑계로 와구와구 먹고 잤다. 오늘도 일어나자마자 집주인 원망과 회사 욕(뜬금없이, 아무 때나, 어김없이 등장하는 회사 욕)을 하다가 빨랫감을 챙겨 집 앞 1분 거리에 있는 세탁방에 갔다. 세탁방에서 책을 읽었다. 이 시간이 참 좋았다.

　내게 완벽한 하루는 핸드폰을 많이 보지 않는 하루가 아닐까. 아무것도 안 하든, 어딘가에 가든, 청소를 하든, 핸드폰을 안 보는 하루. 하루 종일 핸드폰만 보고 있어서 이런 생각이 드는 걸지도 모른다.

　내일은 핸드폰을 덜 봐야겠다. 꿈처럼 즐거운, 이상적으로 완벽한 하루는 결코 오지 않을지 모른다. 단지 세탁방에서의 시간 같은 하루라면, 지금 당장이라도 내 손으로 만들 수 있으니까.

0715 다시, 사라지지 마

여성을 대표하는 단 한 명의 여성은 있을 수 없다. (60쪽)

나는 여자대학을 졸업했다. 지금도 그렇지만 예전에도 여학교란 '젊은 여자'에 대한 다양한 혐오의 이미지를 뒤집어쓰고 있는 곳이었다. 친척이 "너랑 얘기해보니 여자대학 학생 같지 않아"라고 말한다든가, 직장동료가 "여자대학 출신은 원래 저랑 안 맞거든요."라고 말할 때. 나는 어리둥절하거나 화가 났지만, 마음 한편으로는 내가 '사치도 안 하고 개념도 있어 보여서(사실 여부는 차치하고)' 안도했다.

제가 처음 직장에서 일을 시작했을 때, 비혼 사십 대 여성 선배들은 거의 없었습니다. 그런 일이 가능하리라 생각본 적이 없었습니다. 하지만 어느새 저와 제 주변인들은 서로의 역할 모델이 되어주면서 이전 세대와 다른 방식으로 이 나이를 살아가고 있습니다. (86쪽)

"우리 자주 갔던 아가씨 이름이 뫄뫄(나와 함께 있던 여자 직원 이름)였잖아." "맞아, 뫄뫄, 되게 당돌하고 영리했지." 룸살롱 여종업원 이름이 동료의 이름과 같다고 말하는 상사의 앞에서, 하하 웃으며 분위기를 맞췄다. 지금에서야 그 상황이 '역겹다'고 깨닫는다. 예전엔 내가 영원히 젊을 것이고, 영원히 남자의 눈길(인기가 있진 않았지만, 기본적으로 여자로 대하는 느낌)을 받을 것 같았다. 이제 나는 누구의 눈길도 받지 않고 오직 내가 한 말과 행동으로만 인식되며, 하하 웃으며 분위기를 맞추지도 않고, 애교를 부리지도 않는다. 아주 마음에 든다.

그리고 나는 그 엔딩에서 잔인함을 느낀다. 사라져버리면 근사하게 전설로 추억해주는 거야? 스미처럼 좌천에도 굴하지 않고 자리를 지켜서는 안 되는 거야? (163쪽)

무기력하고 능력부족일지라도 끈질기게 회사에 다니고 있다. 대단한 커리어 목표가 있어서는 아니고, 훗날 다른 여성들의 롤모델이 되기 위해서도 아니고, 오직 돈을 벌기 위해 다니지만 어쨌든.

퇴사하는 모습을 너무 많이 상상해서 언젠가 퇴사를 해본 듯한 착각마저 들 정도다. 홀연히 사라져버리고 싶은 마음은 아직도 유효하다. 하지만 아마 당분간은 (돈 나올 데가 없으니) 회사를 계속 다니겠지. 유능하지 않겠지만 가끔 우습겠지만, 사라지지 않고 이 자리를 지킬 거다. 그런 엔딩 역시 나는 사랑한다. 사실은 사라져버리는 것보다 더.

—이다혜 〈어른이 되어 더 큰 혼란이 시작되었다〉

0717 대가

 안 그렇게 보일 수도 있는데 내 마음대로 해야 되는 성격이다. 세상사람들 다 그렇겠죠. 마음 속으로 매일 부글부글 한다. 왜 비즈니스 인간관계에서 '공손'해야 하지? 왜 자신의 편협한 관점으로 그릇된 말을 퍼뜨리지? 왜 친목이라는 명목으로 불필요한 단체행동을 강요하고 그에 동조하지 않으면 문제 있는 사람으로 몰아가지? 왜 사적인 일을 공유하지 않았다는 이유로 비난 섞인 비아냥을 들어야 하지?

 그런 일들이 쌓이면, 그런 일들이 나를 흠집내는 게 아니라, 그런 일들에 대해 정확하게 대꾸하지 못하고 우물우물 넘긴 나 자신이 나를 흠집낸다. 타인이 나를 흠집내면 다시 일어날 수 있지만, 내가 나를 흠집내는 건 재생이 되지 않는다. 마음의 어떤 부분이 천천히, 영원히 닳아간다. 결코 회복되지 않을 그 마음 구석을 바라보고 있으면, 사회생활을 한다는 건, 남의 돈을 받는다는 건, 이렇게 닳아가는 마음을 대가로 치르는 거구나, 하는 생각이 든다.

 집에 와서 <김혜리의 필름클럽> 팟캐스트를 듣는다. 영화를 소개하기 전에 청취자 사연을 읽어준다. "저는 교사예요. 중학교에서 국어를 가르치고 있어요. 올해엔 평생에 한 번 쓸 수 있는 자율 휴직을 하고 쉬고 있네요. 출근을 안 해서 가장 좋은 건 학생들의 거친 욕설을 안 들어도 된다는 점이에요. 청각에 지나치게 예민하고 고통에 극도로 민감한 저에게 학교는 때로 견디기 힘든 작업 환경이 되지요." 순간 느껴지는 애환, 슬픔, 고통.

'그러거나 말거나 내버려 두자' '앞으론 이렇게 대꾸해야지' '일단 선을 확실히 긋기' 혼자 썼다 지웠다 하는 밤. 밥벌이의 전선에 천국은 없고, 나는 과연 닳아가고 있는지 모른다. 닳고 닳아도 내가 나인 동안은 여전히 상처받을 테니까 두렵다. 그렇다고 내가 나를 잃어버리면 상처받지 않게 되니까 좋은 걸까?

기꺼이, 기꺼이 상처받겠다. 몇 번이나 울고 몇 번이나 싫어하고 몇 번이나 마음을 다치겠다. 그것이 내가 나로 사는 대가라면.

0718 매일 복숭아

복숭아를 물리도록 먹고 있다. 이제 그만이라고 말할 만큼 좋아하는 것을 최대한 많이 하자. 지금까지 나는 주로 싫어하는 것을 이제 그만이라고 말할 만큼 많이 해온 듯하다.

0721 과도기

일요일 오전, 동네 스타벅스 똑같은 자리에 똑같은 맥북 들고 앉는다. 좀 이따 세탁방 갈 거다. 내일은 회사 가고 모레도 회사 가고, 주말이 오면 똑같은 스타벅스, 똑같은 자리, 똑같은 세탁방. 7일 단위로 완전히 예측가능하게 반복되는 '사랑의 블랙홀'적 인생이다.

돈이 더 생기고 휴가가 길어지면 인생이 훨씬 재미있어질 거라고 생각했다. 그렇지 않다는 걸 안 건 최근의 일이다. 좋다는 곳들에 부지런히 다녔지만 제일 좋았던 여행은 역시 처음 갔던 후쿠오카다. 옆 마을 야나가와에서 밥 먹고 보트 타고 목욕했다. 어찌나 좋았는지 사진도 안 남겼는데 세세한 것까지 기억난다. 장어덮밥과 꽃과 나뭇가지, 목욕을 마치고 나온 뒤의 신선함과 아련함, 늦은 저녁 버스를 기다리며 스치던 상념까지.

십 년도 더 지나서 교토 옆의 아라시야마에 갔다. 작은 배에 앉아 강을 지난다. 야나가와에서의 뱃놀이를 떠올리며 기대를 잔뜩 했는데, 아무 생각 없이 과자만 와구와구 먹다 보니 보트가 종점에 도착해 있다.

젊을 때 여행해야 한다더니, 이제 더이상 그때의 감흥은 돌아오지 않는 걸까. 더 좋은 것, 더 비싼 것, 더 맛있는 것을 경험한대도 온 마음으로 만끽할 수 있는 순간은 다시 돌아오지 않는다. 모든 처음은 어떤 것으로도 되돌릴 수 없다.

나는 요즘 처음과 끝 사이에 놓인 과도기를 통과하는 중일지도 모른다. 처음처럼 가슴뛰는 날들이 계속되지 않아도, 처음 다음에 오는 것들 역시 삶의 일부니까. 처음이 주는 감동과 특별함은 모두에게 공평하게 주어지지만, 그 후에도 반복되고 무뎌지는 인생의 의미는 자신이 찾아내고 만들어나가야 하는 것 아닐까. 느려도 돌아가도, 나만의 것을 찾을 수 있길.

0722 장어의 침실

저는 항상 애인이 없는 사람입니다. 정말 없긴 한데, 있어도 없습니다. 남자친구가 있냐는 질문은 가끔 폭력적으로 느껴집니다. 관계를 연애와 비연애로 나누는 것, 당연시되며 권장되는 이성애, 사생활을 공유하는 친밀함의 기준에 대해 생각합니다. 그래서 대충 "없어요"라고 하게 되는 것 같아요.

호기심을 자제하지 못하는 사람을 위해서는 몇 가지 정보를 흘립니다. 내밀하고 솔직하지만 중요하지 않은 것들을 골라서요. 저는 진짜 중요한 것을 지키고 싶습니다.

교토의 집은 언뜻 보기에 무척 협소합니다. 집의 입구가 좁기 때문입니다. 하지만 안으로 들어가면 깊은 복도를 따라 널찍한 방들이 나옵니다. 이런 모양새 때문에 '장어의 침실'이라는 별칭이 붙었다지요. 처음 이 말을 들었을 때 긴 장어가 좁은 입구로 미끄러지듯 사라지는 광경을 떠올렸습니다. 팔락이는 천을 젖히고 문틈으로 스르륵.

우리의 어떤 부분은 장어의 침실 영역인 것 같습니다. 아무나 침실에 들일 수는 없지 않겠어요. 아무나 들이지 못하는 곳이니, 아무 침실에나 기웃거리지 않는 게 옳습니다. 그러니까 기다려 주세요. 장어가

제 몸으로 입구를 밀고 집 밖을 나올 때까지, 다물린 입이 열리고 감췄던 혀를 내밀 때까지.

0724 배덕자의 시간 사용법

원래 9시 반까지 출근했는데 9시로 바꿨다. 조삼모사 원숭이는 30분 일찍 출근했다는 사실을 까먹고 30분 일찍 퇴근해서 그저 신이 났다. 회사와 전생에 원수를 진 걸까. 사무실에 있는 시간이 적으면 적을수록 마음이 윤택해지고 정서가 안정된다.

6시 반에 퇴근할 때는 똑같이 9시간 지내고 가는 건데도 당당하게 인사했는데, 6시에 퇴근하니까 꼭 '칼퇴근(정시퇴근에 부정적인 이미지를 덧씌우기 위한 단어)'처럼 느껴져서 나도 모르게 쥐꼬리를 접고 쥐털을 움츠리고 새앙쥐만한 목소리로 "안…녕히…계…ㅅ…" 웅얼거리며 빠져나오게 되는 것은, 계약된 시간보다 더 일하는 자발적 노예 의식을 보이지 않을 경우 개념과 근본을 상실한 배덕자로 낙인찍음으로써 투입된 자본보다 더 많은 리소스를 얻어가려는 부도덕한 음모로 정당한 노동자 의식에 죄책감을 씌우는 전략에 성공적으로 포섭된 탓이겠지요.

내일부터는 5시 59분 59초에 의자에서 일어나서 환한 얼굴로 사무실이 떠나가라 인사하고 갈 거야. 좀 미친 것 같은데, 여긴 내가 먼저 미치지 않으면 미침 '당하는' 곳이니까.

0726 위안

속을 잘 드러내지 않는 성격인데, 다 보여주게 되는 사람이 있다. 하고 싶은 말을 다 하고, 사적인 일을 미주알고주알 꺼내놓는다. 그런 이상한 사람에게 나는 말했다.

저 사실 노안이 오는 게 너무 두려워요. 노화에 초연한 척하는데, 초연한 게 아니라 늙는 게 뭔지 개념조차 없을 뿐이에요. 만약 가까운 글자를 못 읽게 된다면 굉장히 충격받을 것 같아서 두려워요.

그리고 영수증의 글자를 들여다보았다. 아 왠지 잘 안 보이는 것 같아! 영수증을 멀리 대고 가까이 대며 호들갑을 떠는 내게 그가 말했다.
늙는 건 누구나 어쩔 수 없죠. 그런데 저도 잘 안 보여요. 이 글자 너무 작네요.

당신의 이런 반응이 좋다. 차갑고 따뜻하다. 어떤 아양도 없이 나를 안심시키는 말들.

0729 빛과 물질

빨랫감 떠메고 동전세탁소에 간다. 저녁 8시가 넘었는데도 아직 완전히 어두워지지 않았다. 폭염의 공기는 잔뜩 습기를 머금어서, 벌레도 뿌리도 감정도 왕성하게 발아해버릴 것 같다. 결코 상쾌하진 않지만 존재감 하나만은 확실하다.

한시도 끄지 않는 집의 에어컨, 서늘할 정도로 냉방이 된 사무실. 그 사이를 5분간 걸으며 '한증막 같네' 느끼는 건 실감이 아니라 색다른 체험에 가깝다. 세상과 직접 닿는 일이 점점 없어진다. 복닥거리고 냄새나던 통일호 기차의 곤색 융 의자. 흰 시트를 깔아주는 야간열차에서의 하룻밤. 지독한 추위 속에서 단단히 무장한 채 가로지르던 눈과 얼음. 이제 그런 경험을 돈 주고 산다. 일상에서 비껴간 곤란은 낭만에 불과하다.

에어컨 없는 방의 이불 한 모퉁이에서 볕을 요리조리 피해봐도 등에 배어나오는 땀을 원망하던 때가 있었다. 끈적한 불유쾌의 기억이 입을 벌린다. 아무 불만도 없는데, 에어컨은 시원하고 모든 건 예측대로인데 천천히 죽어가는 기분이 들 때. (물론 우리는 모두 죽어가는 중이니까 기분의 문제가 아닌 사실의 기술이겠지.) 직선으로 내리꽂히는 여름 빛처럼 최단경로로 내달릴, 앞으로의 시간을 생각한다. 다시는 시공이

뒤틀려 블랙홀이 생기는 일은 없으리라. 너는 고작 손수건으로 땀을 닦으며 체취를 풍기려고 지금까지의 생을 바쳤지. 이제 마음에 들어?

여름마다 앤드루 포터의 소설 '빛과 물질에 관한 이론'을 읽는다. 좋은 소설은 왜 여름에 읽어야 할까. 읽을 때마다 운다. 그리고 원하던 것을 대부분 미끄러뜨리는 일을, 노인이 되기 위해 달릴 뿐인 생을 사랑할 것 같은 기분에 사로잡힌다. 권태 아니면 비극인 날들 와중에 어떤 문장들은 시간을 견딘다. 물처럼 고인 여름의 빛, 나의 작은 블랙홀, 사랑했던 나라로 떠나는 짧은 여행.

0730 음각의 시간

책을 솎아내는 중이다. 책장을 줄일 생각이기 때문에 상당량의 책을 내놔야 한다. 책 꾸러미를 헌책 장수처럼 잔뜩 부려놓고 왠지 아까운 마음에 한 번씩은 더 들춰보고 버리자며 매일 그 '버릴 책들'을 읽고 있다.

오늘은 <김영하의 여행자 : 하이델베르크>를 집었다. 수록된 소설은 좋았지만 책은 강한 인상을 받지 못했다(게다가 작가가 찍었다는 이유만으로 이렇게 대단찮은 사진을 실어야 하나). 그런데 새삼 펼쳐보니 문장 하나하나가 아름답고 사진도 괜찮게 느껴진다. 이제 이 책과 작별이라는 생각 때문에 더 사무치는 걸까, 임종할 때 듣는 마지막 말이나 사형수가 마지막으로 먹고 싶은 음식처럼.

선택한 것들을 손에 쥔 세계 너머, 버릴 책과 하지 못한 말과 기절과 실패로 이루어진 세계가 있다. 선택으로 구성된 나와 결락으로 구성된 나 중 어느 쪽이 진짜 나에 가까울까.

언젠가 아주 쓸쓸한 여행을 할 수 있다면, 한 일과 본 것을 쓰는 대신 걸음과 시선과 손이 닿지 못한 것만 써보고 싶다. 오늘 일기도 일종의 '없는 것 수집'이다. 회사를 다녀왔고 밥을 먹었고 청소를 했던 시간들은 한 줄도 없다. 책을 읽었다지만 줄거리는 없다. 시간과 시간 사이 미끄러지는 것들. 쓸쓸한, 선명한, 부재로 증명하는 음각의 시간.

0802 어떤 죽음

일본이 한국을 화이트리스트 국가에서 배제했다는 뉴스특보와 함께 여러 가지가 겹쳐서, 어떻게 하다보니 13시간 일했다. 모처럼 장시간 일한 중년은 하루가 지난 지금까지도 피로가 풀리지 않는다.

인터넷 뉴스를 다루는 업무다. 하나 마나 똑같은 말을 되풀이하네, 극히 피상적이고 '입맛에 맞는' 부분만 보고 있네, 같은 생각을 가끔 한다. 좋은 부분보다 소비될 만한 포인트에 방점을 찍는 일도 즐겁지 않다. 어떤 직업에도 회의적인 측면은 존재하니, 특별한 건 아니다.

폭우가 쏟아졌을 때 빗물 펌프장을 점검하러 들어간 세 명의 노동자가 불어난 물에 휩쓸려 죽었다. 유일한 탈출구였던 수문을, 장비를 보호하기 위해, 닫아버렸다는 기사가 어제 나왔다. 화이트리스트 배제에도 불매운동에도 비분강개 없던 무감한 사람이지만, 이 기사 앞에서는 눈물을 흘릴 수밖에 없었다.

어떤 죽음은 너무 쉽게 쓰이고 너무 가볍게 머문다. 수많은 기사의 홍수 속에서 긴 시간 자리를 차지하지 못한다. 당연하고 어쩔 수 없는 일이다. 하지만 일기 쓰는 이 시간만큼은 몇 줄도 쓰이지 못하고 사라지는 것들을 생각하려 한다.

0803 허니문

필라테스 다닌 지 2주째다. 일주일에 세 번씩 간다 : 2주는 지켰다. 처음엔 의욕적이다가 시간이 지날수록 불성실해지는 타입(세상사람들의 98.4%에 해당되는 타입)이긴 하지만, 지금까지 거쳐온 것들(일본어 중국어 스페인어 발레 탱고 독서토론 미술학원)이 모두 의욕 사그라듦의 전철을 밟긴 했지만, 아무튼 필라테스-허니문 기간인 요즘은 필라테스에, 아니 '필라테스를 열심히 하는 나'에 푹 빠져 있다.

돈을 모으면 이것도 저것도 하고 싶었다. 그러면 행복해질 것 같았다. 지금은 돈을 쓸 수 있다. 아니 '쓸 수 있었다'구나, 그 돈으로 집을 사버렸구나. 아무튼 내가 원한다면 할 수 있다. 하지만 하지 않습니다. 이런 거 하면 좋겠다 여기 가봐야지, 항상 인터넷 보며 북마크만 해두고 절대 하지 않는다. 돈과 체력과 시간의 삼위일체가 이뤄지지 않는다.

평생 운동만은 놓지 않고 싶다. 언젠가 돈과 시간이 하늘에서 뚝 떨어질지도 모르는데 체력이 없으면 못 놀지 않는가! 모처럼 긍정적인 생각을 하며 운동하고 귀가. 행복하다. 허니문은 역시 좋군요.

0804 양치질 회사원

Ora2 복숭아 치약을 좋아한다. 일본의 무슨무슨 치약 랭킹에서 1위를 했다는 스티커가 붙어 있어서 사봤는데 과연 괜찮았다. 이를 닦을 때 복숭아 내음이 입안을 채운다. 복숭아라지만 달지 않고 쌉싸름한 쪽에 가까워서 깔끔하다. 양치를 마치면 입안에 향취가 남아 기분이 좋아진다.

양치질이 소중하다, 양치질을 사랑한다고 말하는 사람이 있던가? 양치질을 증오한다, 양치질이 괴롭다는 말은? 양치질은 좋고 싫음의 라벨을 붙이기에는 너무나 일상적이고 사소한 행위다. 사랑하지도 증오하지도 않는다. 입안이 개운해지면 상쾌하고, 손 하나 까딱하기 싫을 때엔 귀찮다. 하지만 양치질을 하지 않고 살 수는 없으니, 좋든 싫든 시간 맞춰서 한다.

네가 하는 일을 좋아해? 라는 물음을 접할 때마다 어떻게 대답해야 할지 몰라 망설였다. 분명 회사 일을 좋아하지는 않는다. 업무가 주어질 때 '야! 정말 재미있겠다. 한번 해보고 싶어!'라는 생각이 든 적은 단 한 번도 없다. 그렇다고 회사 일을 싫어한다고 하기도 애매하다. 괴로울 때도 있지만, 대부분의 일은 일상적이고 시간을 들일수록 익숙해진다. 마음에 들게 해내면 기분 좋고, 월급을 받아 생활을 꾸리는 것은 큰 행복이다. '일이 좋다, 싫다'는 말로는 이 모든 상태를 설명할 수 없다.

일을 좋아하는 사람과 일을 싫어하는 사람이 있다면, 일이 좋지도 싫지도 않은 사람도 있다. 이 부류를 '일을 양치질로 생각하는 사람'으로 이름붙이고 싶다. 딱히 좋고 싫은 감정 없이 생존을 위해서 묵묵히 해나간다. 좋아하지는 않지만 못 견디게 괴롭지도 않다. 인생은 사랑과 증오로만 이루어진 시간이 아니고(만약 그렇다면 우리는 다 지쳐 나가떨어졌을 것이다), 생각보다 많은 시간이 사소한 습관으로 채워져 흘러간다는 것을 수긍한다면, 회사 일이 양치질에 불과하다는 것은 이상한 일이 아니다.

어쩌면 좋아하는 일이 주업이 되어야 한다는 것은 회사원의 기력을 더 많이 짜내려는 음모이거나 자아가 비대한 시대에 횡행하는 신화일 수도 있다. 열정을 바칠 수 있는 직업에 대한 환상. 모든 사람이 '적성에 맞아' 일하는 건 아니니까. 좋아하는 일이라는 기준에서 생각한다면 당장 사표를 내고 회사 문을 뛰쳐나가도 시원찮은데, 마땅한 다른 일도 없고 그럭저럭 적응해온 사람들은 오늘도 그저 출근할 따름이다.

회사에서 Ora2 복숭아 치약으로 이를 닦는다. 그리고 열의도 피로도 바래버린 지 오래된, 중년 회사원의 무감한 날들에 잠시 행복을 채운다. 이렇게 좋은 냄새가 입안에 남다니! 분명 그 순간 나는 양치질이, 회사생활이, 조금이라도 좋아진다.

사랑하거나 증오하지 않아도 괜찮은 삶, 가끔 귀찮고 가끔 상쾌한 보통의 일상을 사랑해.

0805 재미를 찾아서

산미구엘 생맥주를 한 잔 마시고, 배가 고파서 감자튀김 파는 가게로 가서 꿀맥주를 또 한 잔 마셨다. 맞은편 젊은이는 한 잔 더를 외쳤지만 뒤도 돌아보지 않고 집으로 왔다. 퇴근길 맥주 두 잔으로 이미 배가 꽉 찼고, 무엇보다 졸려서 견딜 수 없다.

예전엔 맥주를 많이 마셨다. 술을 잘 마시는 편도 아니었는데 술이 너무 좋고 술자리가 너무 좋았다. 맥주를 기록적으로 마셔서 가게 벽에 명예의 전당처럼 사진이 걸리기도 하고(무슨 짓이었을까), 인사불성, 블랙아웃, 더이상 마시지 못할 때까지 마셨다. 지금 생각해보면 목숨 부지한 것만으로도 나의 청춘은 대성공인 듯하다.

마흔 넘어서 체력이 떨어지면서 급격히 주량이 줄다 보니 술에 흥미가 없어졌다. 퇴근 후의 외출이 피곤해졌고, 술을 같이 마셔줄 사람도 점점 사라졌다. 술이 주는 피로가 쾌감을 넘어서면서, 영원할 것 같던 술꾼 시절이 막을 내렸다.

사실은 술을 좋아했다기보다, 아니 술을 좋아한 건 사실이지만, 술에 동반되는 다른 것들(맛있는 안주를 잔뜩 먹고, 평소에 하지 못한 말과 행동을 마음껏 하고, 술이 주는 용기에 기대어 우연인 척 인연을 만들고, 취한 시간 만큼은 세상에서 제일 잘나고 즐겁고 멋진 양 느끼고)을 좋아했던 듯하다. 앞으로 다시는 인생에 그런 일들은 일어나지 않겠지.

이젠 11시만 돼도 졸려서 제정신이 아니고, 술 마시는 시간보다 침대에 있는 시간이 좋다. 누워서 핸드폰을 볼 뿐이지만, 아무튼 재미있는 것을 잔뜩 읽고, 평소에 하지 못한 아무말을 하고, SNS 친구들(얼굴도 모르지만)과 친교활동('좋아요'를 찍는 것뿐이지만)을 한다. 그 시간만큼은 세상에서 제일 등따숩고 배부르고 자유롭다.

술 대신 핸드폰 보기, 술 대신 스타벅스에서 일기 쓰기, 지금 술 마신 것처럼 헤헤 웃으며 쓰고 있다. 술은 아니어도, 재미를 찾아서.

0806 폭염

경비 직원에게 요즘 더워서 어떡해요, 인사말을 건넸다. 회사 안은 서늘한데, 한 시간마다 야외 경비 교대를 하니까. 늘 웃는 표정인 그의 얼굴이 슬퍼진다.

"아, 한 시간이 너무 길어요."

"너무 덥지요." 회사 아르바이트와 대화.

"네, 저 더위 많이 타서 힘들어요. 아침에 일어나면 땀에 흠뻑 젖어 있어요."

"에어컨 트는데도 그렇게 땀이 나요?"

"저는 에어컨 끄고 자요, 전기세 때문에."

에어컨이 당연한 게 아닌데 당연한 것처럼 말했다.

바깥 기온이 체온과 같다는 오늘도 회사 앞에 어김없이 김을 내뿜는 찜통 앞에서 옥수수를 파는 사람을 본다. 덥다는 말을 안 해야지. 그런 생각을 하게 되는 순간이다. 덥긴 하지만, 더운 건 사실이지만, 덥다는 말은 굳이 안 해야지.

0808 사라진 말들

전화

너에게 전화가 왔다. 너의 목소리는 평소처럼 누긋했지만 나는 네가 울 것 같아서 허둥거렸다. 나는 우리가 존대로 말했는지 반말로 말했는지 물었다. 이건 진짜 웃기는 질문이었는데 우린 만난 지 15년 됐고 마지막으로 만난 건 고작 두 달 전이었으니까. 너는 존대를 주로 하는데 가끔 반말을 해요, 라고 대답했고 곧 울기 시작했다.

주로 존대 가끔 반말, 이라는 말을 무슨 신줏단지처럼 굴리며 네 목소리를 들었다. 극장에서 무서운 장면이 나오면 현실이 아닐 거라고 되뇌는 것처럼. 해결책이랍시고 네 주머니에 몇 가지 말들을 찔러넣었다.

그날 밤 내 입에서 흘러나왔던 말은, 그런 거 찔러넣지 말 걸, 몰라서 안하겠니. 그 두 문장만 굴리다 잠이 들었다. 마치 주로 존대 가끔 반말, 처럼.

말들

엘리베이터 문이 열리자 제법 어둑해지려는 하늘이 보였다. "하늘 봐, 벌써 해 짧아졌어." "이러다 가을 오는 거 아냐?"

평범한 말들이 이상하게 아름답게 느껴질 때가 있다. 그런 말들을 수집하고 있다. 하늘 봐, 이러다 가을, 같은 말들. 그 뒤에 따라온 웃음들.

인스타그램

인스타그램을 시작했다. 439프로젝트 : 오후 4시 39분에(충동적으로 시작한 시간이 4시 39분이어서) 아무 사진이나 찍고 그때 들은 말을 써서 올리는 것. 무의미한 일이다. 새털 같은 말들과 사진 재주라곤 없는 일상의 한 컷, 그렇잖겠나.

그런데 들여다보고 있으면 왠지 그 말들이 내게 말을 거는 것 같은 순간들이 생긴다. 하루는 4시 39분에 가까운 순간 영화관 매표원과 말한 것을 적었다.

나 : <패터슨> 1명이요.

매표원 : 스크린 보시고 자리번호 선택해주세요

나 : XX번이요.

매표원 : 만원입니다. 어쩌고저쩌고 합니다.

나 : 네.

사실 어쩌고저쩌고를 알아듣지 못했다. 이렇게 못 알아듣는 일이 잦은데 그냥 네에, 하고 넘긴다. 꼭 되물어야 하는 일 아니면 다른 이들도 그렇지 않을까 싶다. 그렇다면 네에 하고 사라지는 말들이 얼마나 많겠는가—이를테면 이런 생각들이 나에게 말을 건다. 그러다보면 5시 39분에도, 6시 39분에도, 7시 39분에도, 얼마나 많은 말들을 붙잡을 수 있을까. 생각이 여기에까지 이르면 마음이 빈 열차처럼 덜컹거린다.

시

어떤 표정이 한 사람의 얼굴로 새겨지는 것처럼 어떤 말들은 시가 된다. 수많은 말들은 어쩌면 시가 되기 위한 전 단계일 수도 있다. 너와 내가 말했거나 삼켰던 말들, 네에 하고 사라진 말들, 말들, 말들. '이 세상은 '세상 반, 시 반'이에요.' (이성복 <불화하는 말들>) 우리는 지금 시를 쓰고 있는 건지도 모른다.

0814 나름대로 우주의 맛

퇴근길에 저녁 먹으러 가는데 상사가 "식사 가나요" 말을 걸었다. 그도 저녁을 먹으러 가는 길이다. 나도 모르게 "네, 편의점에"라며 자동반사적으로 식당이 아닌 편의점으로 들어갔다. 함께 식사하는 게 불편하지 않다. 하지만 내 안의 본능이 나도 모르게 나를 편의점으로 이끌었다.

구내식당 가는지 물으면 "저 어디 가야 해서"라며 사라지는 후배가 이젠 서운하지 않다. 나 역시 출퇴근길에서 회사 사람이 보이면 최대한 걸음을 늦추곤 하니까. 이건 누구를 좋아하고 싫어하는 문제가 아니다. 태어날 때부터 내재된 회사원 본능 같은 거다. 파도를 만나면 타넘고 맹수 앞에서는 뛰어야 하지 않겠는가.

쉴 때 일 때문에 연락이 와도 업무의 당연한 연장선으로 받아들인다. 정작 당황스러운 건 퇴근 후의 사적인 메시지다. 친근한 말을 봐도 감정노동이라는 생각이 앞선다. 상대는 분명 다정한 생각으로 보냈을 텐데 나만 모난 것 같아서 간혹 침울했다.

이젠 괜찮다. 여긴 스스로를 지키지 않으면 쥐도새도 모르게 내가 사라지는 곳이니까, 우리가 좀 뾰족하고 좀 모나지는 건 당연해서.

그런 우리를 용서해도 된다는 걸 안 것도 최근의 일이어서, 이제는 좀 편안해지려 한다. 여기는 겉모습이 본심과 같지 않을 수 있는 곳이니까. 상처를 주거나 받더라도, 어쨌든 살아남고 살아간다면 그게 또 길이 되는 곳이니까.

점심시간에 서점에 갔다가 큰 테이블에서 혼자 책을 읽고 있는 회사 사람을 봤다. 회사원의 본능에 따라 급히 몸을 숨기고, 아동도서 코너의 어린이용 의자에 구부정하게 앉아서 박상영의 '우럭 한 점 우주의 맛'을 읽었다. 마음에 드는 소설을 읽었을 때의 강렬한 만족이 나를 채웠다.

단체로 몰려다니는 식사에서 벗어났더니 외로운 식사가 기다릴 뿐이지만, 이런 즐거움도 생겼다. 외로움과 기쁨 사이, 회피와 속마음 사이, 상처와 관용 사이, 여러 겹의 회사원 생활을 맛보고 있다. 나름대로 우주의 맛.

0815 우리들의 우주

모두 잠든 밤에 책을 읽었다.

우리들만 쓸 수 있는 수영장이 딸린 건 맞는데, 상상 속의 '풀빌라'와는 거리가 있었다. 집 안에 거대한 수조를 놔두면 생기는 모든 것들(가실 길 없는 습함과 아무리 긁어내도 보이는 곰팡이와 소독약 냄새) 속에서 우리들은 튜브를 탔다. 물이 새는 욕실, 습기 때문에 다시 붙인 벽지, 아귀가 맞지 않는 문짝을 일별했다. 특별히 실망하거나 후회한 건 아니고 그저 2시간 동안 차를 타고 온 것만으로 녹초가 되어 널브러져 있었다.

고기를 굽고 와인을 따서 저녁을 먹었다. 예전엔 식사 후에도 왁자지껄하게 이야기하고 보드게임을 하거나 화투라도 쳤는데, 평균연령 51.8세의 노부모와 중년 자녀들은 지쳐서 텔레비전과 핸드폰만 들여다보다 금세 잠이 들었다. 코 고는 소리도 어느샌가 그치고 풀벌레 소리도 희미해졌다. 고요하다.

우리들은 어떤 순간에도 서로 이해하지 못하면서 하나라는 사실이 어떻게 슬프고 기쁜가. 나는 등 부분이 꺼진 소파에 베개를 받치고 앉아 책을 읽는다.

김연수의 <우리가 보낸 순간>은 소설책 한 페이지를 잘라놓고 작가가 산문을 더했다. 긴 소설에서 딱 한두 페이지씩만 잘라놓으니까 무슨 내용인지 모르겠지만, 덧붙인 글을 보는 재미로 읽는다. 전체 내용을 모르니 눈으로 문장만 따라가며 뜻도 모르고 읽는다. 그러다 135쪽을 펼친다. '어떤 날은 그냥 아무런 말도 하고 싶지 않아요. 오늘이 그날이에요. 그냥 문장을 읽기만 합시다.'

그냥 문장을 읽기만 하는 중이다. 그냥 걷기만 하는 시간, 그냥 우리들이 가족인 시간처럼. 뜻도 모르는 문장을 읽고 목적도 없이 걷는 시간, 굳이 집보다 못한 곳에 묵으며 밥을 하거나 잠을 자거나 하는 시간.

소파 바로 뒤에 유리 칸막이 하나로 구분된 실내 수영장이 있어서 어쩔 수 없이 습하다. 하지만 방금 이런 문장을 읽었다. '허연 구름들이 가까운 산들을 밑바닥부터 끊어놓고 있었다. 어느 것 하나 습기에 젖지 않은 것이 없었다. 습기는 그들의 고독한 몸을 적셨다.' (크리스토프 바타이유 <다다를 수 없는 나라> 중에서, <우리가 보낸 순간>에서 재인용)

예전에 나는 <다다를 수 없는 나라>를 읽은 적이 있다. 하지만 책을 읽으며 무심하게 지나친 문장과 진짜 습기 속에서 읽는 묘사는 다르다, 심지어 예전에 이런 문장이 있었는지도 기억나지 않는다. 무의미한 건 어느 쪽이었던가. 내가 의미있다고 생각한 시간들도 사실은 무의미로 이루어진 걸 수도 있다. 그런 생각을 하다보면 한 페이지씩 잘려진 모르는 문장들을 더듬는 일이 더이상 무의미하지 않다.

이번엔 이런 문장이 나온다. '…하여 그 1초는 내가 알게 된 가장 고독한 1초다. 말없이 먼 곳으로부터 와서 오랫동안 기다리는 59초와 61초. 1초의 고독. 너를 데려가지 못한 나의 어둠은 그 어디쯤에 있을 것이다. (중략) 미국의 우주비행사였던 에드워드 깁슨이 말한다. "왜인지는 정확히 설명할 수 없지만 우리들의 우주는 어쩔 수 없이 좋은 것입니다. 그저 그런 것으로 우리들의 눈앞에 있을 뿐이죠. 그걸로 된 것 아닐까요."' (이신조 '음악을 듣거나 책을 읽거나 너를 기억하기 위해 필요한 고독', <우리가 보낸 순간>에서 재인용)

모두가 함께하는 순간에 비로소 고독을 응시하는 일이 소중하다. 책 한 장을 넘길 때마다 나의 현재를 위해 준비된 것만 같은 문장이 나오는 일이 신기하다. 그러니까 그저 읽을 뿐이다. 긴 소설에서 한 페이지만 잘라내서 뜻도 잘 모르든, 공기가 습하든 소파가 꺼졌든 고독하든 행복하든. 그래요, 그 순간 '우리들의 우주는 어쩔 수 없이 좋은 것'.

0816 우리들의 불완전

문경은 두 번째다. 회사에서 단체로 문경새재에 온 적이 있었다. 보물찾기 퀴즈를 곳곳마다 준비해뒀어서, 조를 짜서 찾아다니며 답을 맞혔다. 500원짜리 비닐 우비를 뚫는 장대비에 신발이 다 젖었던 일, 그래서 회사 욕을 하고 싶은데 우리 조엔 임원이 속해 있어서 속 시원히 말도 못하고 맨 뒤에서 작은 소리로 궁시렁대며 따라간 일, 그러다가도 상품에 눈이 멀어 퀴즈에 열성적으로 참여한 뒤 다시 투덜거리며 걸어가던 일이 기억난다.

"회사에서 문경새재 왔을 때 비 와서 난리났었어" 이야기하다가, 내가 그때를 그리워한다는 걸 깨달았다. 분명 짜증났었는데. 텐트 치고 버너와 코펠로 밥 해먹는 가족 휴가 같다. 생각만 해도 귀찮았던 시간을 더듬게 된다.

어제는 덜덜거리는 에어컨이 거슬려서 잠을 설쳤다. 냉방 바람 때문에 이부자리를 가로로 놓았다. 이불 밖으로 몸을 내놓으면 차갑고, 뒤집어쓰면 눅눅했다. 우리는 수십 번을 뒤척이며 밤을 견뎠다.

어떤 멋진 순간이라도 그 자체에 돋보기를 들이대면 비에 젖은 운동화와 덜덜거리는 에어컨이 보일 뿐이다. 미화된 추억을 능가하는 현실은 원래 없는 건지도 모른다. 그래도 그 순간이 없다면 아무것도 없으리라. 임원이 신발 사라고 준 만원 줘서 슬리퍼 샀다고, 결국 맨발에 삼선 슬리퍼 꿰어신고 집에 왔다고, 그런 말들을 과장 섞어서 떠들 수도 없으리라. 오랜 시간이 흐른 뒤에도 나를 미소짓게 하는 그 비, 그 바람, 그 많은 불완전한 순간들.

0818 우리들의 혼자

휴가를 다녀오니 갑자기 여름이 가버렸다. 올여름은 참으로 짧고 빨랐다. 인생의 마흔두 번째 여름이었다.

서울에 오고서야 깨달았다. 회사에서 항상 외롭다고 생각했는데 (나는 친밀하고 쿨한 선배인 줄 착각했는데 그냥 친한 척 안 하는 게 제일 좋은 부장님 레벨 인간(주의 : 부장 아님)임을 깨달았을 때 느껴진 머쓱함), 성인 다섯이 오글오글 한 차에 실려 한 공간에서 밥해먹고 치우고 이박삼일 하다보니 절실히 깨닫는다. 내가 행복에 겨웠구나! 혼자란 엄청나게 좋은 거잖아! 사람은 본질적으로 혼자인 존재다!

지금까지의 내 인생은 오직 혼자만의 시간을 갖기 위해 노력해왔던 시간이었다. 그리고 비로소 혼자일 수 있게 되었다. 혼자가 된다는 건 단지 혼자 산다는 것을 의미하지는 않는다. 혼자를 이해하고 혼자를 들여다보는 일을 이제서야 배우고 있다.

오늘 일어나자마자 요가매트 깔고 스트레칭하고, 카페에서 샌드위치 먹으면서 일기 쓰고 있다. 내 인생은, 이 시간을 가진 인생이다.

0819 남의 인생

<우리가 보낸 순간> 이야기에 더 이어서. 책 끝 페이지를 읽다가 놀랐다. 이런 내용이 있었던가. 하도 오랜만에 다시 읽어서 예전에 읽은 걸 잊었다, 혹은 그때는 내게 인상적이지 않았거나. 천하의 김연수 작가도 '재능이 없다'는 말이 오래도록 트라우마가 되어 글을 쓰지 못했다는 고백. 그러니까 누군가가 당신에게 '못한다'고 한다면 듣지 말라고, 그냥 쓰라고.

예전 상사는 내게 늘 일을 못한다고 했었다. 말하자면 가스라이팅 당했다는 것을 안 지 얼마 되지 않았다. 그전까지 나는 내가 정말로 일을 못한다고 생각했다. 특정 분야에서 나의 열정과 능력은 그의 기준에 한참 모자랐으니까.

어느 순간 천천히 깨닫게 됐다. 회사원의 열정은 의무가 아니며, 능력의 기준은 다양했다. 내게도 나만이 가진 능력이 있으며, 그걸 무기로 회사에서 살아남는 건 상사도 누구도 아닌 바로 나만이 할 수 있는 일이라는 걸.

그전에는 진심으로 '나 일 진짜 못해'라고 얘기하는 게 입버릇이었는데 이제 농담으로라도 하지 않으려 노력한다. 보고가 명료하지 않아도 아이디어를 잘 내는 사람, 뛰어나진 않지만 성실한 사람, 대단한 실적은 없지만 편안하게 일하도록 만들어주는 사람. 회사에서 많은 사람을 봤고 '완벽한' 사람은 어디에도 없었다. 불완전하기에 함께 있다. 시간이 지나고 직급과 조직과 환경이 바뀌면 필요한 '능력'도 변한다. 그러니까 누가 나에게 '너 일 못한다'라고 하면 이젠 눈썹 하나도 까딱 않을 생각이다.

그러므로 쓰라. 재능으로 쓰지 말고, 재능이 생길 때까지 쓰라. 작가로서 쓰지 말고, 작가가 되기 위해서 쓰라. 비난하고 좌절하기 위해서 쓰지 말고, 기뻐하고 만족하기 위해서 쓰라. 고통 없이, 중단 없이, 어제보다 조금 더 나아진 세계 안에서, 지금 당장, 원하는 그 사람이 되기 위해서, 그리고 원하는 삶을 살기 위해서. 날마다 쓰라. (<우리가 보낸 순간> 에필로그)

그러므로 당신을 깎아내리는 말들을 이겨낼 것. 당신을 평가할 수 있는 사람은 어느 누구도 아닌 당신뿐이라는 사실을 끝까지 기억할 것. 타인의 평가를 내면에 들일 때부터 인생은 지옥이다. 내 기준으로 살지 않으면 나는 영원히 부족한 사람, 끝나지 않을 2등, 타인의 평가에 연연하는 인생일 뿐이다. 그러므로 실패와 아쉬움도 기꺼이 받아들인다.

한 번뿐인 인생이다. 남의 인생을 사는 사람이 되지 않는다.

0820 사라지는 일

서울역사박물관에서 '북촌 : 열한 집의 오래된 기억'이라는 전시를 봤다. 1875년부터 1950년대까지 북촌과 가회동에 거주했던 열한 집의 생활사. 그 옛날에도 아침에 토스트와 홍차를 먹는 힙스터 명망가가 있었다. 그 시절에 와인 상자를 두고 마시기도 하고, 식탁 매트를 직접 디자인하거나 가구에 택호를 새기기도 했다. 멋지다.

그때는 새벽마다 물장사가 다녔다, 삼청공원에서 반딧불 잡고 놀았다, 판검사가 재동 이발소에 머리 깎으러 다녔다, 같은 문장을 읽으면 그 시대 속으로 빨려들어가는 것 같다.

잡힐 듯 잡히지 않는, 기억이 날 듯 말 듯 천천히 희미해지는 날들의 이야기를 듣고 있으면, 나의 희로애락도 이렇게 사라져버릴 거라는 생각이 든다. 그건 어떤 위안이다. 우리는 자주 영원히 살 것 같은 착각 속에서 과하게 몰입하고 지나치게 고통받으니까.

언젠가는 이렇게 한 글자 한 글자 적어둔 일기로만, 어쩌다 찍힌 사진 한 끝에만 남을 일이야. 싫어도 사라지고 기억하려 해도 잊혀지는 것, 그것이 인간의 일이니까.

0822 문을 닫지 마

(문) 그런 생각은 혹시 하나? 이걸 찍었으니까 다음엔 저런 걸 찍고 싶다. 자신의 필모그래피를 아름답게 꾸미고 싶어하는 배우들이 있지 않나.
(답) 그런 건 없다. 나는 선택받는 사람이니까. 어떤 작품에 캐스팅되는 건 운명이라고 생각한다.

지진희 배우의 인터뷰를 읽다가 연결되는 말 어디서 본 것 같은데! 하며 옛날 <씨네21>을 뒤적였다.

인생은 최소한의 대화와 나눔으로 이뤄져 있고, 영화도 그 점에서 인생과 닮아 있어요. 영화에서 중요한 점이 있다면 그건 성취하지 않는 거예요. 끝내지 않는 것, 언제나 생략하는 것, 인물들에서 문을 닫아버리지 않는 것, 틀에 가두지 않는 것, 영화 바깥에서도 무언가가 계속 존재하는 것. (아네스 바르다)

대학생 아르바이트가 나에게 '어떻게 이 일을 시작하게 되었냐'고 물었다.
"졸업하고 취업 준비할 때 다 안 되고, 붙여준 데가 하나밖에 없어서 선택의 여지가 없었어요. 처음에 프리랜서로 계약했다가…"

의지라곤 한 톨도 없는 '직업 시작기'를 중얼중얼 읊다가 문득 생각했다. 우연이 지금을 만드는 거라고. 어떤 길을 가든, 시작할 때는 생각하지도 못한 운명을 겪게 될 거라고.

어떤 사람이 될지, 무엇을 만들지, 내가 원하는 게 뭔지, 길을 걷다 보면 알게 될 거야. 그러니까 어떤 시작을 하고 어떤 길을 걷든, 그걸로 완성이라고 문을 닫아버리면 안 돼. 마흔을 넘긴 지금도, 더 나이가 들어도, 문을 닫지 마. 지금 가진 것이 전부라며 주먹 꽉 쥐고 있지 마. 운명은 발걸음을 뜻하지 않은 곳으로 이끌고, 우리는 놀라운 것을 계속 발견할 거야.

0823 용궁의 토끼

여러 배우를 두루 좋아해왔고 앞으로도 좋아할 예정인데, 특히 '배우는 내 직업일 뿐' 타입을 좋아한다. 최근 드라마 <60일, 지정생존자> 보고 알게 된 어떤 배우도 그렇게 보여서 좋았다. 쑥스러운 요청을 해도 눈 하나 깜짝 않고 다 해준다. 토끼모자를 쓴다든지, 낯부끄러운 칭찬을 듣는다든지. 나는 지금 직업 연예인이니까, 라는 느낌이다.

직업 연예인은 아니고 직업 회사원이라면 어떨까. 내가 생각하는 '직업 회사원'의 조건은 다음과 같다.

첫째, 기분에 태도가 좌우되지 않는다. 기분이 좋다고 과하게 행하지 않고, 기분이 나쁘다고 일을 망치지 않는다. 소나무처럼 묵묵히 일한다.

둘째, 회사에 자아를 의탁하지 않는다. 일을 잘해도 못 해도 나의 가치에는 영향을 주지 않으므로, 칭찬에 달뜨지 않고 질책에 시무룩하지 않는다.

셋째, 회사 생활과 사생활을 구분한다. 집에서 회사 생각을 하지 않는다.

클라이언트에게 모욕당하는 윗사람을 보면서 뼈저린 회의를 느끼기도 했고, 자신을 결코 에이전시라 생각하지 않는다는 에이전시를 보기도 했는데, 나는 어느 쪽도 아닌 그냥 직업 회사원이자 직업 을로 살고 싶다. 자존심 같은 것은 잠깐 토끼의 간처럼 빼서 집에 걸어놓고 회사원 자아를 팔러 용궁으로 출근한다. 직업 회사원으로 웃고 직업 회사원으로 말하고 직업 회사원으로 일한 뒤 다시 집에 와서 토끼의 자아를 찾아 꿴다.

어떤 순간에도 나는 토끼로 존재했다. 용궁에서도 뭍에서도, 간이 있던 순간에도 없던 순간에도.

0825 빈 바다

새로운 사람들을 만나고 나를 맞추거나 그들이 나에게 맞추는, 시끄러운 거리에 서 있듯 복닥거렸던 한 주가 지나간다. 볕 좋은 일요일, 양모는 울코스에 면 빨래는 건조기에 돌려 놓고 책을 읽는다.

제주도에서 햇빛과 수평선과 나뿐인 조용한 바다를 보면, 서울에서 고민했던 일들이 아주 작게 느껴졌다. 밤이 되면 침묵을 귀로 들을 수 있었다. 그때 나는 고요를 찾아다녔다.

오늘은 여행 대신 책을 읽는다. 베란다 한구석에 바다가 펼쳐졌다. 다들 마음속에 빈 바다 하나씩 갖고 산다. 잡다한 변화가 계속되어도 내 안의 바다에서 나는 오래도록 혼자다.

0826 의욕상실자

백만년 전에 우수 사원(?)으로 사진도 찍히고 백 명 중 두 명이라는 S 등급도 받았다. 몇 년 내리 C를 받기도 했다. S 받아서 신나지 않았고 C 받아도 무덤덤했다. 항상 똑같이 일했는데 평가가 다른 게 기묘했다.

내게 회사란 거대한 롤 플레잉 게임 같고, 평가의 공정성을 따지는 것도 무의미하게 느껴진다. 평가는, 회사는, 기본적으로 불공정하다. 인생의 다른 모든 것과 마찬가지로. 게다가 롤 플레잉 게임에서 얻은 능력치가 나를 대변하는 것도 아니다. 이건 게임일 뿐이니까.

기본적으로 이런 생각으로 살아가며 억지로 의욕 있는 척 하고 있다. 지금 함께하는 동료들은 다 의욕적인 것 같다. 적어도 남의 앞길을 망치면 안 되지 싶어서 힘겹게 의욕의 얼룩무늬를 그려보곤 하지만 (6월 27일 일기 참조) 아이고 그냥 야근만 안 하면 땡큐베리머치 노프라블럼 라이프이즈해피입니다 일이 다 무어냐 의미없다 의미없어

라는 생각으로 살아가는 주제에, A로 해버리면 될 일을 내 눈에 좋아 보이지 않아서 갑자기 허둥지둥 뛰어가서 굴러가던 A를 정지시키고, B로 만들기 위해 푸닥거리를 했다. 다들 좀 떨떠름해 했지만 B가 돼서 더 좋아진 건 맞다. 민무늬 당나귀 주제에 열정 발휘했으니까 한 1년 정도는 다시 놀아야겠다.

0827 안아줘

요즘 <체르노빌>이라는 드라마가 인기있대서 체르노빌 사고에 대해 읽다가 다른 원자력 사고들을 찾아보게 됐고, 믿기지 않을 정도의 처참한 피해를 읽으며 무서워하다가 새벽 2시 넘겨서 잤다. 인터넷 링크는 꼬리에 꼬리를 물고 궁금한 걸 찾아볼 수 있어서 문제다.

지친 심신을 끌고 출근했는데 회사에 또 여러 가지 풍랑이 있어서 휴게실에서 혼자 문 닫고 나에게 하는 말을 읊어줬다. 예전에는 '이런 일을 방지하기 위해 앞으로 이렇게 행동하자'라며 질책하고 다짐했는데 이젠 내가 나를 이해해주려고 한다. 너 참 힘들었겠네, 네 일은 진짜 어려운 일이야, 마음이 많이 상했겠네, 그런 말들. 아무도 안 해주니까 내가 나에게 해준다. 왼팔로 오른 몸을, 오른팔로 왼 몸을 감싸는 듯한, 외롭고 머쓱한 셀프 도닥임. 글로 쓰니 좀 웃겨 보이지만 그래도 좋다. 조금 눈물이 났고, 왼팔로 감싼 오른 몸이 스르르 풀렸으니까. 그랬구나, 그런 일이 있었구나. 얼마나 힘들었을까. 고통 속에서 우리를 구원하는 한마디는 별다른 게 아니라 단지 이런 말들일 뿐이어서.

방사능 피폭으로 처참하게 죽어가는 남편의 곁에, 죽는 그 날까지 아내가 함께 있어 주었다는 말이 뇌리를 떠나지 않는다. 때로 그저 옆에 있어주는 것은 인간이 인간에게 할 수 있는 최대의 일이다.

0828 특기

글을 쓰다 막다른 벽에 막혀 답답해할 때면, 어김없이 누군가가 오래전부터 그 자리에서 길을 만들고 있었습니다. 이 책은 묵묵히 자신의 자리를 지켜온 학자들의 그 보이지 않는 노력에 빚지고 있습니다.

(김승섭 <우리 몸이 세계라면> 서문)

짧은 글에, 한마디 말에, 찰나의 표정에, 그 사람이 오롯이 들어있을 수 있는 게 신기하지요. 어느 때는 한 문장만 보고도 그를 알 것 같아요. 저는 여전히 사람의 어떤 면은 산문이 아닌 시라고 생각하거든요.

서문을 펼치자마자 저자를 만난 것 같은 기분이 들었습니다. 나중에 '특기' 란에 '앞질러 성큼 좋아하는 일'이라 적어넣고 싶은데, 나이드니까 아무도 저에게 특기를 묻지 않더라고요. 특기 같은 건 원래 오래오래 살아야 익히게 되는 건데 말이지요.

이 책을 아직 다 읽지는 못했지만 벌써 좋아하게 될 것 같은 예감이 듭니다. 오늘도 특기를 발휘했네요.

0829 아름다운 일

회사에서 잔뜩 시달린 뒤 지친 몸을 이끌고 신촌에 갔는데, 전철역을 빠져나오자마자 감탄했다. 세로로 높은 적란운으로 가득 차고도 하늘이 남았다. 멋진 풍경에 마음이 개고, 즉석떡볶이 한판에 피곤이 날아간다. 역시 한국인은 정기적으로 MSG를 투하해줘야 힘이 나나 보다.

밥을 먹고 연세대 교정을 산책했다. 젊음과 지성과 가능성 같은 가상의 공기를 킁킁 들이쉬며 "아아 대학생 너무 부럽다" 한숨 쉬니, 친구가 "대학생은 회사원이 부러울 거다" 한다. 하긴 20년 전 대학생이었던 나 역시 대학 시절을 전혀 좋아하지 않았다. 지금의 나는 지금의 생활에 열광하지 않지만 20년 후의 나는 지금의 내가 부러울지 모른다. 현재에 충실하고 감사하라지만, 인간은 애초에 갖지 못한 것만 미화해서 그리워하고 부러워하게 생겨먹은 것 같다. 그렇기에 시간은 아름다운 걸까. 원래 자신의 아름다움을 의식하고 있는 존재보다 자신이 아름다운지도 모르는 존재들이 아름다운 법이니까.

아름다운 시간인지도 모르면서 아름다운 우리들은 가끔 이런 하늘을 통과하면서 내가 이런 시간을 지나는구나, 한숨을 쉰다. 드문 일이니까 사진으로, 일기로, 대화로, 메시지로, 부지런히 남긴다. 우리가 어느날 여름이 가고 9월이 오는 시간을 정면으로 맞닥뜨리는 일에 대해. 아름다운 순간이 가고 또다른 아름다운 순간이 오는 길목을 걷는 일에 대해. 지친 날을 버티게 하는 하늘이나 떡볶이나 산책 같은 걸 책 갈피처럼 간직하는 일에 대해, 그래서 또다른 날에 반드시 꺼내 보게 되는 일들에 대해.

0830 노련함 없음

스카이라운지 뷔페에 왔다. 40층에서 통유리로 내려다보이는 만화 같은 구름과 목동 전경, 보기 드문 날씨에 모두 핸드폰을 꺼냈다. "쥐돌님과 한 장 찍어야 되는데" 후배가 말했다. 멋진 선배라면 흔쾌히 "같이 찍어요!" 하겠지만, 쑥스러움을 이기지 못하고 "어어 음 제 영혼과 찍으세요" 아무말을 늘어놓으며 도망치고 말았다. 나이도 적지 않고 회사도 오래 다녔으니 노련한 모습을 보이고 싶은데 늘 어리바리 굼뜨다. 그런 주제에 '노련한 직장인 분위기'는 굉장히 동경한다.

사회 초년생이었을 때 나의 은밀한 소망은 '노련한 서울 직장인'이 되는 것이었다. 예를 들면 전통있는 맛집을 술술 꿰고 있는 분위기? (업무 능숙해지는 건 생각도 않고 맛집에만 집착하다니 역시 초장부터 글렀구나.) 광화문에서 회사다니는 것도 아니면서 굳이 광화문까지 전철타고 찾아가서, 괜히 맛도 없는 정종을 마셨다. 스마트폰 지도가 없었을 때라 길 찾기도 힘들고, 가게를 못 찾아서 쓸쓸하게 귀가하기도 여러 번. 그러면서도 가게 안에 들어가면 더없이 익숙한 척 술을 마시며 '서울 직장인'의 느낌에 취하곤 했다.

이제는 집과 회사가 있는 동네를 떠나지 않고, 알음알음 맛집 같은 건 인터넷 덕분에 누구나 알게 됐지만 찾아가지 않는다. 노련한 직장인의 열망과 환상은 증발한 지 오래, 늘 심드렁하지만 무관심을 들키지 않으려고 뜬금없이 오버하다가 자폭하는 일이 가끔 있을 뿐. 예를 들면 상사가 핸드폰 카메라 기능을 자랑하면서 사진을 찍길래 "과연 다르네요 신기해요!" 기계적으로 감탄했더니 "기능 설정 아직 안 했어", 그렇게 폭삭 망한 일이 최근에도 있었구나. 생각하니 또 웃겨서 이거 쓰면서 웃고 있다. 사실 나는 은근히 이런 일이 많다. 하하하 영혼 없는 거 들켰어.

과거의 나를 돌아보면 좀 이상하지만 아무튼 웃음이 난다. 노련한 직장인을 동경하던 나. 소설 속 분위기를 흉내내보고 싶던 나. 하지만 그 어느 것 하나도 그럴듯하지 못했던 나. 귀동냥한 노포를 찾아 뒷골목을 뱅뱅 돌다 못 찾아서 리어카에서 떡볶이 사먹고 집에 오던 나.

그 '익숙하지 않음-노련하지 못함'은 지금까지 고스란히 남아 후배의 말에 부드럽게 대꾸하거나 상사의 사담에 진심으로 동참하거나 하는 일들이 여전히 난제로 남아 있다. 1N년차 회사원이지만 여전히 데면데면하고 여전히 어렵다, 어쩌면 영원히.

0901 자신만의 차

'이런 사람이라면' 싶은 사람이 있다. 부산하지 않은데 제대로 일하고, 배려하는 태도와 자신의 생각을 함께 가진 사람. 그런 사람은 회사 안에서 자신만의 카페를 꾸려나가고 있는 것 같다. 사회와 개인의 욕망 속에서 균형을 잡으며, 나만의 맛을 내는 차를 천천히 끓인다.

위미에 있는 와랑와랑 카페 한번 가보세요, 그 말을 해준 사람은 서울 출신으로 제주에 정착한 사람인데, 한마디로 '이런 사람이라면' 같은 이다. 웬만한 말은 흘려듣는데 잊지 않고 간직해두었다.

한 무리의 손님이 떠나가자 새소리와 조용한 음악이 실내를 채우고, 창밖으로 키큰 나무들 아래 비에 젖은 귤나무들이 가라앉았다. 마지막 빗방울이 걷히면 카페를 나서겠지만, 그때의 나는 지금의 나와 조금 다를 것 같았다. 좋은 사람을 만난 후 나는 늘 그랬으니까. 회사원이지만 자신의 카페를 경영하는 듯한 사람들. 완벽하지 않아도 완벽보다 더 좋은, 자신만의 차를 끓이고 있는 사람들.

0907 태풍이 지나가면

태풍 오는 토요일에 회사에 나가서 괜히 뒷짐지고 일하는 척하다가, 휴게실 가서 쿨쿨 자고, 양손에 커피 사들고 출입문 통과하려 하니 출입증 찍기도 전에 경비 직원이 문을 바로 열어주며 미소지었다. 서로 얼굴을 아는 사이다.

아이스초코를 건네받은 사람이 '한모금 마시고 눈 까뒤집었어요 살 것 같아서'라고 메시지를 보냈다. 이렇게 내가 또 한 생명을 살렸구나.

저녁에 구내식당 가니 배식원이 갈치조림 수북이 담아주고 "무도 2개 드릴까요"라고 묻는다. 무조림을 특별히 2개 줄까 물어봐 주는 게 좋았고 무조림을 2개 먹어서 좋았다.

어쩔 땐 말이 뾰족하게 나가고 행동을 섣불리 한다. 스스로를 다 그치기보다 환해졌던 순간으로 좁은 마음을 밝혀본다. 출입증을 찍지 않아도 스르르 열리는 문, 아이스초코, 무조림 2개. 무섭게 불던 바람과 떨어진 나뭇잎들, 여름이 쓸려나간 밤의 퇴근길.

가을

우리는 사진을 찍는다. 일기를 쓴다.
커피를 다 마시면 커피 얼룩을 들여다본다.
그게 소멸하는 우리 삶의 증거다.

0908 세 번째 펭귄

현대카드 디자인 도서관에서 사토 다쿠의 <삶을 읽는 사고>를 읽었다. 물론 사토 다쿠라는 사람 알지도 못했고 어쩌다 뽑아든 책이다. 유명한 브랜딩 디자이너라고 한다.

제일 신나게 읽은 이야기는 롯데 쿨민트껌 리브랜딩 작업에 대한 부분이다. 오랜 시간 사랑받아온 유명한 제품, 이미 친숙한 사람들에게 낯설지 않으면서도 새롭게 하는 방법은 무엇일까.

디자이너는 편의점에서 껌 진열대를 내려다보다가 단면이 아니라 두 개의 면이 동시에 보인다는 사실을 깨닫는다. 평면에서 입체로의 사고 전환.

그리고 포장지에 그려진 펭귄 다섯 마리에 유머와 서사를 부여한다. 패키지 속 다섯 마리의 펭귄 중 두 번째 펭귄의 손을 번쩍 들게 한 것이다. 첫 번째 펭귄의 고함과 세 번째 이하 펭귄들의 아우성을 듣는 두 번째 펭귄이 손을 들 거 아니겠냐고. 과연 천재의 서사는 재미있구나.

너무 좋아하니까, 계속 생각하니까, 푹 빠졌으니까, 놀라운 결과

물을 내놓는다. 예전에 그런 태도를 지시받았지만 끝내 이루지 못했다. 나는 일을 좋아하지도 않았고, 퇴근하자마자 일을 까먹었고(사실 회사에서도 시시때때로 까먹었다), 푹 빠지기는커녕 쳐다보기만 해도 지겨웠기 때문이다. 그래서 웹 기획 업계의 사토 다쿠가 될 수 없었다. 말하자면 다섯 마리의 펭귄 중 리드하는 첫 번째 펭귄도 아니고 손을 들고 실질적으로 끌어나가는 두 번째 펭귄도 아닌, 온갖 불평불만을 늘어놓으며 투덜투덜 따라가는 세 번째 이하 펭귄이다.

첫 번째 두 번째 펭귄이 되지 못한 무능력에 가해진 비난은 오래도록 나를 위축시켰다. 지금은 꽤 극복했다. 일기를 써서 그런가(라고 마음대로 생각중). 첫 번째 두 번째 펭귄은 못 되었지만, '새로운 펭귄을 바라보면서 반세기 넘도록 작은 포장 위에서 살아온 펭귄의 이야기를 잠깐이나마 상상(108쪽)'하는 사람도 좋으니까.

0909 향수 냄새

 누워있을 땐 몰랐는데 몸을 일으키는 순간, 흔들리는 머리카락 사이에서 부드러운 향기가 난다. 나에게 이 향수를 사준 사람을 생각하게 된다. 이제 생각하고 싶지 않은데도. 힘들어질 것을 알면서도 나는 당신에게, 당신은 내게 무언가를 남기겠지. 안 된다는 것을 알면서도.

0912 갈라파고스 명절

옛 동료가 회사에 왔다. 본사 사람에게 뭔가 부탁하러 온 거다. 지금까지 꾸준히 연락을 해왔다고 한다. 쿠키 세트를 다양하게 준비해와서 모든 상사에게 인사를 챙기고, 우연히 마주친 사람과는 밝게 악수하며 식사 한 번 불러 달라고 청한다. 현실에 존재하는지 상상조차 못해본 인기인의 행동 방식이다. 나는 상사와 이렇게 안 친할 수 있을까 싶을 정도로 친하지 않고, 떠난 회사 사람에게 연락을 한다는 것은 천지개벽 경천동지해도 있을 수 없는 일이다. 갈라파고스 거북이처럼 고립돼서 멀뚱멀뚱 기어다니는 '소문의 끝'이다. 그 와중에 돌리다 남은 쿠키 세트를 어부지리로 얻고 기뻐하는 거북이.

부모님집 가는 날을 늦추고 혼자 오도카니 집에 있는, 명절 기념 라면 흡입 파티 하고 소화 안 돼서 뒹구는, 남들 다 부침개 먹는 날에 이어폰으로 귀 막고 스타벅스에서 빵 먹는, 그런 갈라파고스 거북이에게도 행복한 연휴가 시작되었다. 핸드폰 알림 전부 끄고, 에피톤 프로젝트 노래 들으면서 일기 쓰고 있다. 이따 두부 사갖고 집에 들어가야겠다. 마파두부 해먹어야지.

0914 사전

성묘하고 친척집 갔다. 할머니 침대에서 계속 자고, 일어난 뒤에도 계속 누워있었다. 그리고 송가인에게 빠진 친척의 열혈 팬 체험기를 들었다. 누군가의 팬이 되는 건 좋은 일이다. '덕질'이라는 말 대신 굳이 풀어서 말한다. 대체할 말이 길어져도 끝까지 써야지. 좋아하는 일기에는 좋아하는 말만.

예전엔 ㅋㅋㅋ 같은 자음이나 ^^ 같은 이모티콘을 쓰는 것도 질색했다. '남친, 여친, 알바' 이런 줄임말도 절대 입에 올리지 않았다. 사전에 없는 단어를 흩뿌리지 않겠다며 메신저에서도 제대로 된 문장만 썼었다. 지금은 ㅋㅋㅋ가 대수랴, 신조어와 오자와 비문 모두 거리낌없다.

시간에 따라 닳아갈 수밖에 없지만, 어떤 부분은 닳지 않고 싶다. (정중하게 말해서) 거리가 느껴진다, (사적인 질문에 응하지 않아서) 가식적으로 보인다, (상사의 일에 대해 물어보지 않아서) 어떻게 한마디를 안 물어보냐, 그런 비난을 들었을 때 좀 아팠지만 지금은 다행이라고 생각한다. 서로간의 거리를 일부러 좁히려 하지 않는 사람이어서, 말을 쉽게 하는 사람이 아니어서, 타인을 입안의 혀처럼 살피지 않는 사람이어서, 나는 내가 좋다.
내가 나로 살아서 외롭다면, 영원히 외롭겠다.

0916 쓰리 나이츠 온리 : 첫 번째 밤, 까르보불닭

저녁을 먹고 왔지만 집에서 까르보불닭을 또 먹었다. 세상에서 제일 나쁜 기분으로 웅크리고 있다가 동생이 돌아오자 울면서 회사 욕을 하기 시작했다. '다 망해버려라 개똥소똥 거지 발싸개 같은 회사' 하소연 후에는 고꾸라져 잠이 들었고 온통 부은 얼굴로 새벽녘 일찍 깨었다. 그게 나의 세 번 남은 출퇴근길의 첫 번째 밤이었다.

이 집에 산 14년간 나는 부지런히 분노하고 좌절하고 실망해왔다. 14년을 3일 남겨둔 시점에도 이러고 있으니까, 14년 동안 고통의 처방전이었던 말을 스스로에게 다시 건네는 수밖에 없겠다. 인생은 공평하지 않으며 내가 이 자리에 앉아있는 것도 전적으로 공평하기만 한 결과는 아니니까, 너무 억울할 일도 손해볼 일도 없다고. 어쨌든 유일무이하고 정제되지 않은 나의 단점이 결국은 나를 구원할 것을 믿으라고. 우리가 우리이기를 거부하는 모든 걸 거부하는 일만이 어른인 나의 과제라고.

익숙한 골목을 돌아 집으로 향할 때면 지겨운 회사도 나의 젊음도 영원히 끝나지 않을 것 같았다. 결국은 모든 것이 마지막 3일의 밤만을 남겨두고 말 텐데.

—'쓰리 나이츠 온리(3 nights only)'는 서진 작가 홈페이지에서 빌려온 말임

0917 쓰리 나이츠 온리 : 두 번째 밤, 꽃그늘과 반딧불과 모기

 퇴근 후 어깨가 내려앉을 것 같은 이불수건보따리를 짊어지고 세탁방에 왔다. 이 동네를 떠나기 전 세탁방 카드의 잔액을 써버려야 한다.

 앞집이고 옆집이고 온통 접근금지 딱지가 붙었다. '이 집은 재건축 조합에서 관리하며 무단침입 및 쓰레기 무단투기를 금함' 어둑한 골목길을 돌아 들어오는데 마음이 이상했다. 수천번을 다녔는데 이제 마지막 퇴근길이다.

 이 집에 살기 전 살았던 다른 집들의 기억이 가물가물한 걸 보니 이 집도 이 골목도 언젠가는 잊겠지. 아무도 없는 구석에서 첫 입맞춤을 했을 때. 2초? 그야말로 입만 붙였다 뗐다. 벌게진 얼굴로 집으로 달려가는데 문자가 왔다. '이거 꿈 아니지?' 언제까지고 잊지 못할 것 같던 기억도 사라질 것이다.

 '가지 마, 가지 마, 모두 거짓 초대야, 첫 반딧불이' 그런 구절을 생각하다가 '이상하다, 꽃그늘 아래 이렇게 살아 있는 것', '얼마나 운이 좋은가. 올해에도 모기에 물리다니' 고바야시 잇사의 시구들을 연거푸 생각한다. 그러니까 얼마나 운이 좋은가, 이 집에서 살고 울고 웃으며 돌아나오던 골목의 기억이 있어서, 내가 사랑했던 얼굴들과 이제 잃어버린 순간들, 앞으로 잃어버릴 기억이 있어서 얼마나 다행인가.

잇사의 하이쿠는 점심시간에 읽은 김연수의 <시절일기> 속 재인용이다. <시절일기>엔 또한 이런 말도 나온다. '우리는 글을 쓰는 행위를 통해 한 번 더 살 수 있다.'

'이거 꿈 아니지?'랄까, 꽃그늘과 반딧불과 모기랄까, 그런 밤들을 다 잃어버려도 괜찮다. 두 번째 밤을 쓰는 순간 나는 두 번째 밤을, 이십 번째 이백 번째 이천 번째 밤을, 한번 더 산다. 그래서 쓴다. 나의 두 번째 밤. 언제까지고 잊지 못할 꽃그늘과 반딧불이 한번 더 되살아난다.

0918 쓰리 나이츠 온리 : 세 번째 밤, 커피 얼룩의 밤

집앞으로 달려나가서 나와 두부(동생1)와 난오(동생2), 셋이 나란히 서서 사진을 찍었다. 수백번 넘게 시켜먹은(수천번일지도) 짱구한식분식에서 마지막 배달음식을 시켜먹고, 방에 드러누워 감상에 빠졌다. 이 방에서 자는 것이 마지막이다. 둥근 형광등, 체리색 몰딩, 이십년을 견딘 낡은 벽지. 아쉬울 것은 아무것도 없는데 떠나려 하니 울울하다.

14년간 이곳에서 낯설거나 불편했거나 좋았거나 싫었거나, 그리하여 오래도록 남을 일들에 맞닥뜨렸다. 딱히 사랑스러운 일은 아니었다 해도 두고두고 인생에 흔적을 남긴 일들, 커피가 식고 난 후 찻잔 바닥의 커피 찌꺼기 같은 것. 14년에 '의미'가 있다면 아마 이 커피 얼룩 같은 게 아닐까. 그래서 모든 일을, 싫었거나 화났거나 힘들어 눈물흘린 일까지도, 커피 얼룩을 만든 모든 일을 나는 오래 그리워할 수밖에 없다.

마지막 출근길, 마지막 퇴근길, 마지막 목욕, 마지막 잠. 세계는 유한하고 존재는 소멸을 향한다. 그러니까 곧 허물어질 집 앞에서 사진을 찍어야 한다. 어릴 때 내 목소리를 녹음했던 카세트테이프처럼. 엄마가 "처갓집 비둘기" 하면 말 배우던 내가 "구-구" 대답하고, 빙 둘러싼 어른들이 웃는다. "저희 사진 좀 찍어주세요!" 지나가던 사람이 우리를 박제한다. 언젠가 이 사진을 보며 빙 둘러싼 우리가 웃겠지.

'우리는 죽는다. 어쩌면 그게 삶의 의미다. 우리는 언어를 쓴다. 그게 우리 삶의 척도일지도 모른다. (토니 모리슨)'

우리는 사진을 찍는다. 일기를 쓴다. 커피를 다 마시면 커피 얼룩을 들여다본다. 그게 소멸하는 우리 삶의 증거다.

0923 고깔모자

호스피스에 대한 책인데 제목은 잊었다. 잊히지 않는 장면이 있다. 무연고 환자에게 봉사자가(혹은 의사가) 음료를 사다 준다. 프랜차이즈 커피전문점이 흔하지 않던 때에, 테이크아웃 음료를 흔하게 접해보지 못한 환자다. 그는 음료를 다 마신 컵에 '버리지 마세요'라고 써서 침상 곁에 둔다. 그에게는 그 컵이 간직하고 싶은 선물이었던 거다.

동료의 생일을 챙기지 않지만 2년에 한 번 정도 (일하기 싫고 케이크 먹고 싶을 때) 합동 생일파티를 한다. 오늘은 마침 누군가의 생일이고, 나는 일하기 싫고 케이크가 먹고 싶었다. 명색이 파티니까 A4 용지로 고깔모자를 만들었다. '4월 생일자' '12월 생일자' 등등 써서 준다.

"이 모자는 2년 전 생일 모자와 함께 둬야겠네요."
"그때 만들어드린 종이 모자를 아직도 갖고 있어요?"
"그 모자를 어떻게 버리나요."
엉성한 종이 고깔모자를 테이크아웃 컵처럼 간직해주는 사람이 있다.

필요없는 물건을 망설임 없이 잘 버리는데, 내게도 버리지 못하는 게 있다. 삿포로에서 푸딩을 먹고 씻어서 가져온 유리병이다. 15년 전

친구와의 여행이었다. 그 병을 보면 내가 그를 좋아했던 마음이 생각난다. 지금도 여전히 소중한 친구지만 그때의 가까움과 그때의 마음과 그때의 우리는 한 번뿐인 것 같다.

퇴사하기 전까지 우리는 2년에 한 번씩 생일파티를 할 수도 있겠지만, 그때 우리는 다시 새 고깔모자를 만들겠지만, 오늘의 우리와 오늘의 행복은 오늘이 지나면 사라지겠지만. 잡히지 않아도 잡고 싶었던 순간 때문에 때로 마음이 울렁인다. 고작 그 종이 모자 때문에, 푸딩 병 때문에, 테이크아웃 컵 때문에.

0925 백색소음허용실 추진위원회

평일이지만 대휴로 쉰다. 바짝 마르는 가을볕이 아까워서 곰이(41살 먹은 곰인형)를 빨래건조대에 널어 거풍을 하고 집을 나섰다. 도서관이 가깝다.

도착하자마자 구내식당에서 된장찌개를 사먹었다. 식당 직원들이 모여서 수다를 떨고 있다. 이런 풍경을 언제 보았더라. 모든 게 옛날식이다. 새마을운동 마크가 찍힌 거울, '정직만큼 풍부한 재산은 없다' '사랑은 무엇보다도 자신을 위한 선물이다' 따위의 표어가 붙은 계단. 포스터의 글자는 크고 알기 쉽게 쓰여 있고, 와이파이 이용 방법은 단계별로 자세하게 캡쳐해놨다.

사실 어제 회사에서 우울했다. 스스로가 쓸모없어지는 과정을 실시간 목도하는 일은 그리 유쾌하지 않다. 반짝반짝 빛나는 사람들에 비해 낡아가는 내가 대비된다. 경쟁심도 성취욕도 없고, 윗사람이 신뢰하지도 아랫사람이 따르지도 않는다. 유일한 장점이라면 약한 사람(업무를 잘 못 따라오거나 동료들과 잘 못 어울리는 사람)에 대한 측은지심인데 이러한 사회복지사적 특성은 없으니만 못하다. 지금까지 일할 수 있는 원동력이 되어준 알량한 경험과 잡지식도 밑천 떨어진 지 오래다.

버티다 못 하겠으면 그만두면 된다, 모든 걸 다 잘할 수 없다 되뇌이며, 스스로를 위로하는 마음으로 일한다. 백세인생에 어차피 회사 백 년 못 다니니 다른 거 하면 된다 도닥이면서도, 과연 뭘 할 수 있을까 막막했다.

오늘 도서관에 오니 갑자기 길이 보이고 빛이 트인다. 그래 도서관에서 일하는 거야! 나는 (표면적으로) 친절하며 (비전과 전략의 헛소리가 귀찮은) 실용적인 성품이다. 회사에서도 나이 많은 상사에게 '이렇게 로그인을 해요, 이것은 이렇게 찾아요'를 알려주면서도 한 번도 짜증이 나지 않았다. 어려운 일을 앞장서서 해나가기보다 작은 일을 돕는 게 즐겁다. 게다가 책 구경을 매우 좋아한다. 그래! 정사서는 될 수 없겠지만 도서관 스태프가 되는 거야!

갑자기 희망에 차서 평생교육원을 검색한다. 내년이면 43세, 시간은 계속된다. 인생에 하나의 길만 있는 건 아니지. 일단 나이 들어서 스태프로 일하려면 근력이 필요하니까 이따 운동도 꼭 가자. 갑자기 신난다. 역시 '계획이란 미래에 관한 현재의 결정(이라고 도서관 계단에 붙어있음)'이군요. 근데 지금 노트북실인데도 너무 조용해서 타이핑 눈치 보인다. 나중에 도서관에서 일하게 되면 '백색소음이 허용되는 방'도 만들고 싶다. 기다리세요. 십 년 후에 진짜 만들지도 모릅니다.

0926 토닥토닥

오늘 상사와 후배와 식사를 했다. 상사에게는 딸이 있다.

"주말 아침마다 딸과 카페에 가서, 나는 부서원 평가를 쓰고 딸은 숙제를 해요. 딸에게 말해요, 엄마가 이런 거 쓰고 있다고. 딸은 내 말을 다 들어줘요."

"얼마나 좋으세요. 그렇게 다 들어주는 딸이 있어서."

"정말 행복해요. 나에게 온 축복이지."

그런 이야기를 하고 있으면, 마음을 다해 이야기할 수 있는 존재와 함께하는 충만한 행복이 전해진다.

좋다 고맙다 행복하다 하면 나도 행복해지는 걸 알면서 어떻게 이렇게 매사가 찰떡같이 부정적인지. 긍정적으로 살자고 생각하면서 운동을 간다. 선생님은 내가 필라테스 한 지 두 달이나 됐다고 하자 믿을 수 없다는 표정을 짓는다. 그래요 저도 제가 못하는 것을 알고 있습니다. 예전에 운전도 요가도 자전거 배울 때도 못 했고, 회사에서도 못하는데 잘하는 척을 해야 하니 마음이 늘 밝지 않다고, 궁시렁대면서 집에 왔다.

오늘은 이 책을 펼친다.

'이렇게 생겨먹은 내가 용케도 오늘까지 무사히 살아왔구나 싶습니다. 많은 사람이 인생의 마디마디에서 등을 밀어주고 때로는 등을 토닥여준 덕분에 여기까지 올 수 있었겠지요. 내 등에는 분명 많은 따뜻한 사람의 손자국이 또렷이 찍혀 있을 겁니다.'

(요시타카 신스케 <결국 못 하고 끝난 일>)

자꾸 생각난다. 내 말을 다 들어주는, 등을 밀어주고 토닥여주는 손자국 같은 문장. 딸은 없지만, 식탁에 앉아 맥북 열고 토닥토닥. 한 글자 쓸 때마다 따뜻해진다. 나에게 온 축복이지, 이 시간.

0928 일의 본질

대학원 친구들을 만났다. 한 친구는 운동 트레이너다. 나도 요즘 필라테스를 시작했다고 친구에게 말한다.

"나 너무 못해서 선생님이 두 달 배운 거 맞냐며 눈치 주지만…"
"그 선생님은 옳지 않아. 못하니까 배우러 오는 거지. 못하는 게 당연한데, 자기 마음대로 되지 않으니 다그치고 목소리 높이는 거야. 잘하는 사람 가르치긴 쉬워. 못하는 사람을 가르치는 게 실력이지."

그렇구나. 갑자기 위안을 받는다. 사실 며칠 전에 선생님이 못 따라오는 나를 살짝 다그쳤기 때문이다. 너무 힘들어서 귀에 아무것도 안 들렸지만.

회사에서 못하는 건 당연하다고 생각해서 재촉하지도 화를 내지도 않는다. 목소리를 높여서 잘하게 되면 백번이고 천번이고 높이겠는데, 그래봤자 달라지는 건 없으니까. 원하는 대로 돌아가지 않는 건 어쩌면 당연하다. 모든 게 뜻대로 되지 않는 상황에서 하는 일. 대체 왜 이 모양이냐 묻는다면, 이 모양이 아니면 일할 필요가 없겠지, 라고 답한다. 이 모양이 기본값이다, 이 모양이니까 일한다, 이 모양에서 조금이라도 나은 세계를 위해 일한다. 사실은 그게 일의 본질일지 모른다.

0929 소리들

늘 듣는 팟캐스트(김혜리의 필름클럽)이 휴방 중이어서 요즘은 다른 팟캐스트(정은임의 영화음악)을 다시 듣고 있다. 1992년부터 1995년까지의 1기 방송은 자료가 온전하지 못해서 녹음테이프로 남은 회차들만 들을 수 있다. 1992년 11월 2일 첫방송은 딱 1분만 있고, 11월 3일자는 아예 없고, 11월 4일 방송은 43분 남아 있는 식이다.

고등학생 때 정은임의 영화음악을 매일 듣고 녹음해서 또 들었다. 말하자면 시네필 지망생이었다고 할까, <키노>를 처음부터 끝까지 읽었고 대학도 영화이론전공을 지망했(는데 성적이 안 됐)다. 사실 아트 필름은 고사하고 유행하는 영화조차 변변히 본 적이 없었다. 그저 현학적인 문체로 쓰인 평론을 읽으며 본 적도 없는 영화를 걸작으로 숭배하고, 한 줄의 감상만으로 이미 그 영화와 사랑에 빠졌다. 소도시의 고등학생이 상상할 수 있었던 최고의 세계. 나는 상상 속의 영화를 좋아했다.

팟캐스트를 틀어놓고 마루에서 <맛있는 교토 가정식>이라는 책을 본다. 저자는 교토에서 20살부터 31살까지 살았다. 다이콘카레와 두부볶음 만드는 법 사이에 '자주 가던 교토의 소바집에서는 가을이 되면 계절 한정 메뉴로 송이버섯소바를 팔았습니다. (중략) 저는 버섯국을 먹을 때면 그 소바집의 송이버섯소바가 자꾸 생각이 나요.' 같은 말들이 있다. 이 사람에게 버섯국은 곧 11년의 추억이 담긴 교토의 다른 이름이겠구나, 짐작한다. '정은임의 영화음악'이 나에게 청춘의 다른 이름이었듯이.

이 집에서 임시로 두 달만 살고 다시 이사를 간다. 집의 기억이 희미해져도 등촌동이라는 단어를 보면 오늘을 떠올리고 싶다. 마루에 누워 25년 전 라디오를 들었다. 책장이 바람에 넘어가는 바스락 소리를 들었다. 오후가, 일요일이, 9월이 지나가는 소리를 들었다. 누가 나에게 등촌동이라고 말하면 2019년 9월 29일의 다른 이름이 되기를 바라며, 오래도록 그 소리들을 들었다.

1003 월급루팡

어떤 사람이 내 기준으로 해서는 안 될 일을 했기 때문에 매우 당황했다. 불성실의 극치, 회사원으로서 용납할 수 없는 태도. 화를 누르고 집에 와서 "어떻게 그럴 수 있냐" 불을 뿜으니 난오가 "뭐, 그냥 세상 편하게 사는 사람이네" 한다. 한 대 맞은 느낌. 모두가 나의 기준에 맞출 수는 없고, 어쨌든 나는 회사원 외의 삶을 살아본 적 없는 좁고 고지식한 사람임을 잊었다.

오늘 태풍에 큰 집회까지 겹쳐 휴일이지만 바빴다. 별로 하는 일도 없이 괜히 벌새처럼 분주했다. 그리고 작은 걸로 머리 터지게 고민했다. 멍석 깔아주면 못하면서 늘 잘 하는척, 대단한 목표를 제시하는 나. 가끔 정신이 번쩍 들면서 정말 어렵고 힘든 일이구나 새삼 깨닫는다. 실시간 반응을 체크하면서 처리하는 일은 상당한 스트레스가 따른다. 그런데도 늘 나의 고지식함으로 채찍만 휘둘렀으니, 정말 동료들의 편이 돼 줘야지!

라고 괜히 마음 따뜻한 척 난오에게 말했더니 난오가 "너는 네 편이나 돼라. 남들은 다 알아서 잘한다. 괜히 열정 불태우다가 몸 불태우지 말고"라고 또 명언을 던져주셔서 아 그렇다 맞아 일 열심히 하면 아프니까 몸 사려야 한다! 내일 회사에서 월루(월급루팡) 할 거다! 라고

공언하고 오늘 회사 왔는데 난오에게 문자 왔다. '쥐돌씨 월루하고 있나요?'

내 편이 되어주는 사람, 내 편이 되어주는 나. 고지식한 나의 편이 되어주는 나의 성실함, 동료의 편이 되어주는 나의 오지랖. 나쁘지 않은, 나의 모든 것.

1004 딸기 아이스크림과 구름과 바이올린

오늘 상사와 싸울 뻔했다(는 아니고 그냥 혼자 흥분한거 들킴). 상사가 뭔가 잘못됐다고 말하고 나는 아니라고 말하는 과정에서 서로 이해못하고 우왕좌왕 하는 와중에 나의 성질머리와 답답증을 노출하고 말았다. 게다가 어떤 일을 내가 A라고 우겼으나 B임이 판명되어 공개망신(까지는 아니고 공개사과)를 하였다. 에이구 내가 얼마나 우스울까

라고 잠시 자의식 과잉될 뻔했으나 친구 명언을 되새기며(마흔 넘은 직원 똑똑한지 바보인지 아무도 생각 안 한다. 넌 그냥 사무실 먼지 같은 존재다) 자의식을 가라앉혔다. '남들이 나 웃긴다 생각해도 되지 뭐, 잘해봤자 밥이 나와 떡이 나와. 한번 사는 인생 내맘대로 살다 가자'라는 현명한 마음가짐으로 점심에 동료들과 낄낄대며 초밥 푸짐하게 먹고 딸기 아이스크림을 싹싹 핥았습니다.

반차 쓰고 일찍 귀가해서 빨래 널고 청소기 돌리고 나왔다. 오후 다섯시의 하늘에 몽글몽글한 작은 구름들이 떠 있고, 집 밖으로 난 오가 연습하는 바이올린 소리가 들렸다. 어어 좋아 너무 좋은데, 하면서 쓰레기 분리수거 하고 카페에 와서 오늘의 일기를 쓴다.

그러니까 소설가의 일, 교사의 일, 그런 게 있다면 회사원의 일 같

은 것도 있겠죠. '업'의 정의가 그 사람을 말해주기도 하겠죠. 제게 회사원의 일은, 업무는 아니었던 것 같습니다. 사실 업무 능력이 대단히 늘지는 않았습니다. 일종의 연습이 아니었을까요. 한계와 좌절을 통과하면서 타인의 고통을 짐작하는 연습. 작은 일 하나에 일희일비하는 변덕을 희석하는 연습. 부족하다고 스스로를 미워하지 않는 연습. 완벽하지 않은 나와 타인을 받아들이는 연습. 우리는 순간순간 인생이라는 학교를 통과하고 있을 뿐이겠죠.

1007 여행중

갑자기 부산영화제 가고 싶어서 배낭에 여벌 옷 쑤셔넣고 출근해서, 18시 55분 기차에 맞추기 위해 회사에서 개싸움 일보직전인데 머릿속으로는 '이거 만원 싼 표인데. 놓치면 안 되는데' 등의 딴 생각만 하다가, 허둥지둥 시간 맞춰 달려갔다.

피곤에 곤죽이 되어 도착했지만, 버스에서 퀸의 'Another One Bites The Dust'가 흘러나오는 부산은 멋지구나. 다른 도시에 왔어! 마음이 두근거렸다.

숙소 들어가기 전에 편의점에서 빅새우 핫바를 샀다. '2천원이나 하는군' 타이트한 예산 탓에 머릿속으로 계산이 됐다. 뭘 살 때 한두푼 아끼려고 머리 굴리지 않았었는데, 순간순간 얼마 썼는지 점검한다.

좁고 간소한 싱글룸. 텔레비전 진행자들이 과장되게 웃고 떠들어댄다. 시답잖은 사람 소리가 그리워서 생전 안 보던 예능 프로그램을 켜둔 채 핫바를 먹고 잘 준비를 한다. 조금 외로운가. '외롭지 않으면 그건 여행이 아니다. (김연수 <언젠가 아마도>)'

그러니까 나는 지금 분명히 여행중이다.

1008 어쩌다 시네필

하고 싶은 것을 하고 싶어서

티켓 없는 사람은 현매를 해야지. 현장예매처 중 가장 핫하지 않은 곳을 감으로 찍었고 역시나 롯데시네마엔 내 앞에 4명 밖에 없었습니다. 9시 예매 오픈과 동시에 1순위 3장 예매에 성공한 것까지는 좋았는데, 생각해보니 인기없는 영화만 샀다.

부산 첫 영화 <경미의 세계>를 보고 GV.
"굳이 이 장면을 넣어야 하느냐, 자연스럽게 가다가 감독이 톡 튀어나오는 것 같다, 이런 피드백을 많이 받았어요. 그런데 저는 독립 장편이라 제작사가 붙지 않으니, 제가 하고 싶은 것을 하자고 생각했습니다. 그리고 이 장면이 없으면, 다음이 없을 것 같아서요."

하고 싶은 것을 하면 된다, 하지만 다음이 있는 걸 하자. 인생에서 이 이상 필요한 말은 없을 것 같다.

부족한 가운데 고군분투하는 복

전형적인 긴팔 반바지 날씨, 구름 10%의 상쾌하고 부드러운 날.

값싸지만 쉬기 좋은 숙소에 묵는 것도, 맛있는 곳을 잘 찾아다니는 것도 좋다. 예전에 부산에 왔을 때는 이렇게 못 했는데, 이젠 나 자신의 취향을 너무 잘 알아서 내게 어울리고 내가 좋아할 만한 것을 스스로에게 해준다. 내가 나를 위할 수 있는 40대, 나쁘지 않다.

<찬실이는 복도 많지>를 봤고 이 영화 선택한 나 복도 많지. 찬실이가 웃으면 웃고 안 울어도 울다 보니 영화가 끝났다. 마지막 신에서 '우리가 믿고 싶은 거, 하고 싶은 거, 보고 싶은 거' 나레이션에 울 뻔했다. "제가 이 영화를 만드는 데 참 오래 걸렸거든요. 영화뿐 아니라 꿈을 갖고 고군분투하는 분들이 찬실이를 보고 희망을 갖길 바랍니다." 감독은 말하며 울컥만 했는데 나 혼자 휴지로 눈물 닦고 있었다.

찬실이는 돈도 없고 일도 없고 남자도 없고 집도 없고 다 없는데, 감독은 "부족한 가운데 고군분투하는 게 복이라고 생각"한단다. 강말금 배우에게 반해서 인터뷰 찾아봤다. '어떤 땐 연극이 아주 싫습니다. 그래도 이제 그만둘 수도 없고, 이제는 좋고 싫고도 없습니다.'

이러저러 마흔중반 향해 가는 인생, 사무직 회사원이라는 직업, 사람들과 부딪히고 싫어하고 좋아하며 살아가는 일.
정말이지 이제는 좋고 싫고도 없다. 직진뿐이다.

 # 그러기를 내가 바란다

조니워커 팝업 부스가 있었는데 정신 차려보니 하이볼을 마시고 있다. 술 들어가고 이곳은 영화제고, 행복한 부산의 밤이다.

마지막 영화는 <69세>였고 GV에 예수정 배우가 나왔는데 또 반했다.
"감독이 마음이 따뜻해서 결혼반지를 끼워주고 싶어했는데 나는 반대했다. 나이든 사람들도 결혼하지 않고 집을 공유하고 서로 돕는 관계를 보여주고 싶었다."

감독의 의견을 '마음이 따뜻해서'라고 표현해준 것에 반하고, 결혼 밖의 관계를 고민하는 열린 마음에 반하고, 게다가 "동거로 두는 게 맞지 않나. 아니, 그러기를 제가 바랍니다."라고 하는 말에 완전히 반했다. 내가 '맞다'는 단정 대신 '그러기를 바란다'고 말을 고르는 64세 배우에게 어떻게 반하지 않을 수 있습니까.

세상엔 왜 이렇게 멋있는 사람이 많은 거야. 또 혼자 사랑에 빠져 돌아온다. 세상에 사랑하는 일처럼 좋은 일은 없다. 그러기를 내가 바란다.

1009 계란의 맛

체크아웃 후 서점 구경 하려고 기장행 버스를 탔다. 어제 영화 3편 봤더니 역시 피곤하다. 40대는 무리하면 병나. 그래서 도중에 내렸다. 눈앞에 빵집이 보인다. 오! 이게 SNS에서나 보던 부산의 자랑 옵스 빵집이란 거구나. 빵 구경을 한 뒤 계란 샌드위치를 샀다. 아무래도 기장에 다시 가야겠다.

그래서 버스를 다시 타고 아난티 코브에 내렸는데 서점이고 뭐고 마음으로 환호성을 지르며 해안 산책로로 달려갔다. 햇빛에 부서지는 바다가 있었다.

버스에서 도중에 내린 건 바다를 보며 빵을 먹기 위해서였지. 모든 걸 기억하려고 오감을 세우면 다르게 느껴진다. 후추와 양상추와 계란의 맛, 햇빛의 기척과 바다의 일부가 세포에 스며든다. 오래도록 기억될 순간을 만들고 있다.

주저앉아 과자 먹으면서 '이런 게 여행이지 뭐'라고 말하는 여행을 70대에도 하고 싶(다고 제주도 여행 책에 썼)다. 30대에 이런 여행을 많이 했고 그건 내 인생의 어떤 부분을 구원했다. 40대에도 이런 여행을 하고 있다고, 자신이 쓴 문장을 자신이 좋아해본다.

이터널 저니는 큐레이터를 만나고 싶은 서점이었다. 작가의 추천사를 하나하나 읽고, 주제별 서가를 한권 한권 구경하고, 마지막으로 구입한 책은 장강명의 <산 자들>. 피곤한 상태로 읽어야 하니까 술술 읽힐 내용을, 마음대로 손에 쥐고 구겨도 될 질감을 고려했다. 지금 나에게 필요한 한 권을 찾는 일은 늘 특별하다.

서점 옆의 가게에서 시오라멘을 먹었다. 바 형태라 옆사람 말이 잘 들렸다. 요즘 친구들이 이별을 유행처럼 하고 있으며 누구는 곧 1주년이고, 같은 말들인데 듣기만 해도 피곤하다. 마음과 몸이 끌리는 일이 싫은 게 아니라 사회가 연애라고 규정해 놓은 일에 대한 귀찮음이다. "결혼을 해서 많은 관계를 만들고 그 속으로 들어가고, 이젠 꼭 그래야 하나 싶다"던 어제 예수정 배우의 말이 생각났다.

만날 사람은 만나고 만나지 않을 사람은 만나지 않게 될 것이다. 볕을 피하지 못한 오른뺨과 오른손이 따끈하다. 바다와 서점을 보았다. 오늘의 생각과 오늘의 일은 이것뿐이다. 이것으로 충분하다는 마음은 인생을 얼마나 단순하게 만드는지.

바다와 서점을 보았다, 라고 일기에 쓴다. 내게 이상적인 삶은 매일 글을 쓰는 것처럼 사는 것이고, 내가 되고 싶은 사람은 매일 글을 쓰는 것처럼 사는 사람이다. 그게 내 소원인 것 같다. 어떻게 소원을 이룰 수 있을까 생각했는데, '바다와 서점을 보았다'라고 쓰면 된다.

매일 쓰면, 매일 소원을 이루는 삶을 살 수 있으니까.

1011 곰털예찬

어젯밤 늦게까지 이런저런 생각을 하다가 급격하게 우울해졌다. 부산 다녀온 뒤 쓴 돈과 남은 돈, 있어야 할 돈을 엑셀로 맞춰보니 무척 쪼들리는 걸 알게 됐기 때문이다.

예전에도 물론 저축을 해왔지만, 대출금을 계산하는 것과는 차원이 다르다. 무언가에 쫓기는 느낌.

3일간 놀다가 출근해야 하는 것도 갑자기 답답해지면서 회사에서 아무도 나를 필요로 하지 않고 (현실 : 설마 그렇지 않다고 생각하는 자의식 과잉은 아니겠지? 누군가 없으면 안 되는 회사란 없단다. 잡스 없어도 애플 잘됨) 일 못하고 안 한다고 눈엣가시처럼 생각할 거고 (현실 : 아무도 내 생각 1초도 안 함) 이 일은 내게 안 맞아 (현실 : 다른 일도 안 맞음 그냥 돈버는게 안 맞음 돈쓰며 노는것만 적성임) 등의 망상에 젖어 있었다.

집을 사지 않았어도 회사를 다녀야 했을 거고, 아끼고 쪼개서 부산도 즐겁게 다녀왔으니까, 망상에 사로잡혀있지 말고 어서 밖으로 나와라!

햇빛이 굉장히 좋다. 이불 빨고 곰이(41살 먹은 곰인형) 거풍했다.

다가올 겨울을 두려워하지 않고 이 가을을 즐긴다. 10월이 눈부시다. 곰이의 털도 햇빛 속에서 눈부시게 빛난다.

1014 잊히지 않는 것

지난주에 운동 안 가서 거의 열흘 만에 운동 갔다. 기구 잡는 법도 헤매고 있으니 선생님이 "회원님 처음 아니시잖아요, 왜 하나도 모르세요" 죽비를 내리친다. 허버허버 힘겹게 운동 마치니 "회원님 다 까먹으셨죠, 어떻게 그렇게 완전히 다 까먹을 수가 있어요" 한다. 그래요 저도 제가 참 신기하네요.

"어어 네 하하"로 뭉개고 집에 오면서 떠올린 건 오늘 아침의 일. 불과 며칠 전에 메일도 보내고 공지도 한 내용(이 모든 일은 내가 했으며, 내용이라봤자 시간을 5시에서 6시로 변경한다는 것뿐임)을 완전히 잊어서, "6시로 변경해주세요"라는 말에 "가능한지 알아보고 말씀드리죠"라고 차갑게 대답하고 가능 여부를 한참 부산스레 타진하다가, 혹시나 해서 찾아보니까 내가 6시로 이미 변경해놨구나(머쓱).

그렇잖아요 집에 가면 리셋이 되잖아요, 사람은 죽은 세포가 떨어져나가고 새 세포로 구성되잖아요. 어떻게 매일같이 기억하냐고요.

대학을 다닐 때 철학을 가르치던 선생님이 있었다. 나는 이 선생님을 좋아해서 학기마다 그가 가르치는 수업을 모두 들었다. 선생님은 교탁 밑에 갑자기 숨었다가 튀어나오면서 "아까의 저와 지금의 제가 같은 저일까요?"라고 말했었다. 선생님 그렇죠, 제가 기억을 못하는 건 당연한 거죠, 어제의 저와 오늘의 저는 다른 거죠.

키가 작고 은발이고 빙그레 웃는 분이었다. 20년 전이지만 선생님의 미소, 선생님이 냈던 과제, 선생님이 내게 건넨 질문과 격려를 기억한다.

장관이 사퇴하고, 연예인이 목숨을 끊고, 지치는 날이었다. 나는 자주 내가 우습게 보일까봐 전전긍긍하지만, 그런 일들은 돌아서면 다 까먹을 일이니까, 역시나 잊는 게 맞겠다. 옛날에 선생님이 내게 해준 말들 같은 건 잊으려고 해도 잊히지 않으니까.

정년에 가까웠던 선생님의 나이가 지금은 아주 많겠구나, 그래서 눈도 어두워지고 걸음도 천천히 걷겠구나, 그런 생각을 하면 조금 눈물이 나지만, 마음은 따뜻하고 먹먹하게 차오른다. 내가 우습게 보일까봐 두려워하지 않아도 되는, 오직 사랑과 존중으로 채운 시간들이 드문드문 존재해왔음에 감사한다. 아주 잠시라도 그런 시간을 만드는 것이 나의 꿈이다. 제일 먼저 나 스스로에게, 그리고 타인에게, 단 한 명에게라도.

1015 사라짐 너머

몇 년 전 문서를 찾다가 '올바르지 않은 파일입니다'만 실컷 봤다. 부서를 옮기면서 과거 문서를 제대로 백업하지 않은 탓이다. 버릇처럼 히스토리를 남기지 않아서, 늘 '뭔가 하긴 했는데 기억이 안 나는 상태'다. 실행에 우선순위를 두는 '경중완급'이 일의 기본이라던데, 아무거나 급한 일을 닥치는대로 한다. 하기 싫은 건 계속 미루니까 결국 안 한다(언젠가 하겠다는 말은 영원히 안 하겠다는 말이다).

바탕화면 스티커 메모 수십수백개에 무분별하게 할 일(이라 쓰고 차일피일 미루는 일이라 읽는다)을 빼곡히 적어두고, 일단 적어뒀으니 언젠가는 하겠지 안심하고 잊어버린다. 거의 모든 일을 다 적어두는 스티커 메모는 내 회사생활의 모든 것이다. 그토록 중요한데 왜 일목요연하게 정리해두지 않느냐, 백업조차 하지 않느냐고 묻는다면, 예, 맞는 지적이시네요.

바보 회사원의 생명줄 같은 메모장을 쓰다가 '메모를 삭제하겠습니까' 팝업창에서 '이 팝업창을 다시 보지 않음'에 체크해버리는 바보 회사원적 실수를 했다. 이제 경고가 나오지 않으니 클릭 실수 한 번에 메모가 날아간다! 이게 얼마나 중요한데! 결사적으로 원상복구 방법을 알아보다가 다른 직원에게 다가갔다.

"설정 복구 방법 아시나요."

"모르는데 찾아볼게요."

"아이고 죄송하네요."

마음속으로는 신나지만 짐짓 엄숙하게 송구함을 표현해본다.

"아닙니다. 저도 이 메모장을 쓰게 될 수도 있어서 찾아보고 싶어졌습니다."

윈도우 메모 안 쓰던 사람이 쓰게 될 일은 없을 텐데, 미안하지 말라고 해주는 말인 걸 안다. 안 해도 될 말을 굳이 해서 마음의 짐을 덜어주려는 것이리라.

히스토리도 안 남기고 기억도 안 나는, 과거가 없는 회사원. 손끝을 떠난 일은 블랙홀로 사라지고 회사원의 날들도 사라진 뒤엔, 윈도우 메모를 복구해주며 건네던 그의 따뜻한 말만 남겠지.

1019 원숭이 스텝

40대답게, 취미는 등산이다. 오랜만에 산에 갔다. 덥거나 추울 때는 가지 않으니까 꾸준히라기엔 좀 부족하지만, 잊을 만하면 한 번씩 가는 건 맞다.

숨이 차오르고 다리가 후들거리는 순간엔 '내 인생에 등산은 마지막이다. 다시는 오나 봐라'를 수백 번 외친다. 하지만 시간이 흐르면 또 '오늘이 진짜 마지막이다. 등산 그만 할 거야'를 되뇌며 산을 오르고 있다. 늘 힘든 일을 피하려고 하는데 정신 차려보면 제 발로 걸어들어간 폭풍 속에서 허우적댄다.

산을 오를 때 하도 헉헉거리다 보니 다들 옆에서 훈수를 둔다. 남의 말 귓등으로도 안듣는 성격이지만 눈앞이 노래지고 풍경이 왔다갔다 하니 말 한마디 한마디를 생명줄처럼 붙잡게 된다. 이를테면 이런 말들.

(곧 죽을 것처럼 숨을 몰아쉬고 있으면) 숨 끊지 말고 길게 들이쉬고 길게 내뱉어. 호흡을 길게.
(허벅지가 불타오르는 수천 계단을 오르며 이건 꿈일 거야를 외치고 있으면) 왼쪽다리는 오른쪽으로, 오른쪽다리는 왼쪽으로 교차해.

타이거 스텝. 안 쓰던 근육을 써서 힘을 분산해.

(뱃가죽이 쥐어짜이는 고통과 함께 뒷다리에 누가 모래주머니라도 채워둔 걸까 의심하며 버둥거리는 오르막길에서) 앞쪽 다리에만 힘을 줘. 다른 다리는 반동으로 따라가니까.

(미끄러져서 데굴데굴 구를까 벌벌 떠는 내리막길에서) 무릎을 굽히고 원숭이처럼 가볍게 내려가. 등산화를 믿어.

등산으로 체력이 늘고 산을 잘 타게 되는 일은 일어나지 않았다. 그러기엔 너무 띄엄띄엄 가니까. 등산을 떠올리는 때는 희한하게도 주로 회사에서다. 실수로 눈앞이 캄캄해지는 순간 '호흡을 길게', 흐트러질 땐 '타이거 스텝', 어깨에 힘 빼고 '반동으로 따라가기'. 항상 '그만둬야지 퇴사할거야'를 외치며 고난과 좌절 속에서 허우적대는 와중에 숨 들이쉬고 내쉬며, 원숭이처럼 탓탓탓 내려가며, 어찌어찌 산을 타는 중이다.

다년간의 수련(?)에도 불구하고 여전히 등산 낙오자 그룹에서 헉헉대는 걸 보니 역시 뭐든 타고나야 하나 보다. 잘하는 건 언감생심 바란 적도 없고 꾸역꾸역 따라가기만 해도 성공이다. '이젠 진짜 안 한다 오늘이 마지막이다' 후회한 뒤 또 한다. 후회해도 또 하고 실패해도 또 하는 것 자체가 내 인생에선 성공일지 모른다.

1021 오늘

여의도에서 일하는 친구를 만나러 간다. 한강을 바라보며 떡볶이와 닭꼬치를 먹었다. 몇 년 전에도 우리는 이곳에 함께 앉아 있었다. 달라진 건 맥주 음주량(감소), 쥐의 출현(으악) 정도?

"임시로 이사를 갔는데, 천장에서 쥐가 뛰어다녀!" 요즘 나는 새벽 3시마다 달리는 쥐 소리에 잠을 깨어 절망적으로 벽을 두드리는 중이다.
"나도 예전 집에 쥐 있었어. 귀를 기울이면 쥐 소리가 났어." 그가 말한다. 몇 년 전에도 지금도, 쥐가 있었고, 한강이 있었고, 우리가 있었다.

몇 년 전에 그는 혼자였지만 지금은 개가 있다. 퇴근시간 한참 전부터 개는 마중 나가려 안달을 내고, 마침내 플랫폼에서 나오는 그에게 달려들어 펄쩍펄쩍 뛴다. 꼬리가 떨어져라 흔들며 그의 포옹을 받고, 세상에서 부러울 것 없는 발걸음으로 집까지 행진한다.

나는 그 개를 여러번 보았기 때문에 개가 얼마나 기뻐할지 눈에 선하다. 친구의 몸 한쪽에 자신의 몸 한쪽을 붙여야만 잠이 드는 개다. 그토록 사랑하는 개가 마중을 나오는 퇴근길이라니, 생각만 해도 피곤이 눈 녹듯 사라지겠지.

어떤 두려움도 주저함도 없이 온몸으로 전력질주해서 안기고 안는 일이 행복이고, 함께 앉아서 밤의 한강을 바라보는 게 인생이고, 특별히 다정해지고 특별히 환대하는 일이 사랑이라면, 이런 일들로 이루어지는 날들은 뭐라고 부를까. 아직 단어를 찾지 못한, 부드러운 밤바람 같은 날.

1025 피어나

이모는 일 때문에 진도에 살았다. 그곳에 일가붙이도 없으니 은퇴하면 진도를 떠날 줄 알았는데 계속 산다. 은퇴한 이모는 너무 바쁘다. "바빠서 물 말은 밥을 서서 먹는다"고 한다. 문자를 보내면 답이 몇 시간 후에나 온다. '이모가 승마 배우느라 미처 못 봤네.' '아까 영어공부 다녀왔다.' '독서모임 중에 문자가 와서 지금에서야 답을 한다.' 과연 밥을 서서 먹을 만하다.

바쁜 이모의 일정을 비집고 엄마와 다른 이모가 진도에 간다기에 반휴 내고 나도 끼었다.

진도에 오자마자 본 국립남도국악원의 '금요국악공감'. 시골마을 무료 공연 정도로 알고 설렁설렁 보다가 자세 고쳐 앉았다. 이매방 춤 보존회가 출연한 '우봉의 자취'. 무대를 연 승무부터 압도당했다. 살풀이에 빨려들어가고 입춤에 놀라고 진도북춤에 박수치고 들썩이고, 한국 춤 이렇게 굉장했던가. 이 공연 하나 보러 진도까지 올만하다.

관객들은 매우 전문적이어서 추임새 넣을 곳마다 척척 넣어준다. 최고의 공연에 최고의 관객들인데, 주차장에 트럭도 있고 경운기도 있다. 일 끝나면 공연 보러 트럭 타고 경운기 몰고 온단다. 만만치 않은 곳이다. 농사도 짓고 공연도 보고 추임새도 넣으려면 역시 밥을 서서 먹을 만하다.

"내가 눈 때문에 나이가 벌써 이렇게 들었나 싶고 많이 가라앉아 있었는데, 오늘 공연을 보고 탁! 깨어나는 것 같았어." 젊은 시절 무용을 배웠고, 최근 백내장 수술 날짜를 잡은 엄마가 말한다. 침침한 눈으로 오고, 경운기 몰고 오고, 일하다가 반휴 내고 온다. 그럴 만하다. 어떤 예술은 사람을 피어나게 한다.

1027 민트 초콜릿

 이불에서 헤어날 줄 모르고 좌로 우로 구르다가, 간신히 떨치고 일어나 노트북 챙겨들고 동네 카페에 갔다. 민트 초콜릿을 마시며 예전에 썼던 글들을 열어보며 뭘 쓸까 망설이다가, 결국 예전에 끄적인 줄 글 몇 개를 찾았다. 두 시간 넘게 카페에서, 이어폰으로 귀를 막고 한 일이 고작 그거다. 예전에 썼던 일기 몇 줄을 베낀 일. 다른 문장이 떠오르지 않는 일. 글이란 걸 어떻게 썼더라, 도대체 생각이 나질 않아, 씁쓸하게 기억을 뒤척이는 일.

 예전에 나는 회사에서 돌아오자마자 신발을 벗음과 동시에 컴퓨터 앞에 앉았다. 뭔가가 쓰고 싶어서 하루 종일 엉덩이가 들썩였다. 여행을 가면 노트 한 권을 빼곡히 채웠다. 끄적이는 속도가 생각을 따라가지 못할 정도로 뭔가를 간절히 쓰고 싶었다. 몇 줄의 일기를 완성하면 읽고 또 읽어도 재미있었다. 사실은 카페에서 노트북을 챙겨 나와서 집으로 돌아가는 길에 눈물이 날 뻔했다. 그때의 나는 어디로 간 걸까 서운하고 두려워서. 읽고 쓰던 나를 잃어버린 것 같아서.

 당연한 말이지만 항상 좋은 길만 걷진 못했다. 하지만 잘못된 길, 싫은 길에서도 모퉁이를 돌면 무언가가 보였다. 지금은 모퉁이를 돌기 전이라고 생각해본다. 그것이 무엇이든지간에, 그 무엇을 향하고 있다고 믿으며 걸어가자. 좋은 글을 쓰지 못한대도, 무언가를 얻지 못한대도 그건 나에게 필요한 일일 거라고. 아니 사실 그 모든 게 아무것도 아니라 해도, 그 '버린' 시간들마저 소중할 거라고. 사랑한 뒤 남는 것은 결국 사랑했던 기억뿐일지도 모른다. 무용하고 무익하지만 사랑해서 하는 일. 그 '버려진' 시간들을, 사실은 내가 얼마나 사랑했는지.

1030 무서운 고양이 소리

동료에게 임시로 이사한 집 이야기를 했다. "화장실에서 바퀴벌레도 나오는데 그런 건 하나도 안 무섭다니까요. 쥐가 구멍에서 얼굴 내밀까봐 완전 무섭고 어쩌고저쩌고" 그는 경악과 공포에 가득차서 간신히 "흐어어, 어우우" 등의 대꾸를 한다.

"제가 쥐 잡아주는 사람한테 전화를 했어요. 쥐 퇴치 고수라는데 회당 10만원짜리 예약이 꽉 찼더라고요. 꽤 쏠쏠한 것 같지 않아요?" 삼류 이야기꾼처럼 고생담을 왁왁 떠들어대는 건 재미있다. 물론 집에 오면 시궁창같은 현실(한숨 쉬며 걸레자루로 천장 치기, 비위 상해서 물 한모금 못먹기, 새벽에 갉작이는 소리에 깨서 쥐 쫓기)이 기다리고 있지만.

지금 일기를 쓰고 있는 이 순간에도 정신착란증 걸리기 딱 좋을, 사이키델릭한 고양이 울음소리가 온 집안에 울려퍼지고 있다. 난오가 쥐를 쫓기 위해 유튜브에서 '무서운 고양이 소리' 등을 찾아서 틀고 있기 때문이다. 하. 한숨밖에 안 나온다.

이래도 망하고 저래도 망한다면 신나게 망하는 게 인생 포인트긴 한데.

1117 코코모

어제 잠을 잘 못자서 너무너무 피곤했다. 집에 와서 바로 잠들지 않기 위해 억지로 눈을 뜨고 핸드폰과 책 사이를 왕복했다. <칵테일수첩>이라는 핸드북인데, 66가지 칵테일 만드는 법이 담겨 있다. 미모사는 오렌지주스에 샴페인만 채우면 되고, 테킬라 선라이즈는 얼음을 넣고 테킬라, 오렌지주스, 석류시럽을 차례로 부으면 된다. 이렇게 간단할 수가.

혼자 머릿속으로 맛을 하나하나 구체적으로 상상하며 읽는다. 제일 몰입한 건 블러디 메리. 뉴욕에 여행을 가서 '푸룬'이라는 인기있는 식당에 갔었다. 바에 앉아 블러디 메리를 주문했다. 굉장하다는 소문은 들었지만 '블러디 메리가 블러디 메리지 그래봤자 토마토 주스 넣은 알콜 아니냐' 했는데, 아아, 그 블러디 메리를 한 입 마신 나는 충격감동눈물신세계영접의 소용돌이에서 트위스트 추면서 내리 두 잔을 마시며 '이건 천상계에나 있어야 할 블러디 메리다, 아예 블러디 메리의 정의를 다시 쓰는 맛이다, 다른 블러디 메리가 이 블러디 메리를 보고 존재론적 절망에 빠져 정신이 이상해진대도 나는 그 다른 블러디 메리들을 이해할 수 있을 것 같다' 등 오버하(고 싶었는데 동행 없고 영어 못해서 그냥 눈만 껌뻑거리면서 벌컥벌컥 마셨)던 것이다.

블러디 메리뿐 아니라 칵테일이란 게 아무래도 특별한 때 마시는 술이다 보니, 십오년 전 맥주창고(!)에서 만날 마시던 술이군(준벅―놀랍게도 부산 TGI프라이데이에서 처음 만든 술이라고 한다), 이거 마시다가 술잔 깨서 난리났었지(피치 크러시), 그건 내 인생에 다시 오지 않을 로맨스였어(캄파리 소다) 등 혼자 술잔 타고 추억여행 하다가 11시 되자 허겁지겁 책을 덮고 폭면(폭음 폭식에 이은 폭면)하였다.

책에는 칵테일에 깃든 사연과 역사도 간단히 쓰여 있다. 죽은 연인의 이름을 붙였다든지(마르가리타) 바텐더 경연대회 1위를 한 칵테일(키스 오브 파이어), 런던 클럽의 웨이터인 존 콜린스가 만들었다(톰 콜린스)는 식으로.

그런 걸 읽고 있으면 짧은 인생에서 나만의 것을 남기는 일이란 얼마나 멋진가 생각하게 된다. 블러디 메리를 처음으로 만든 사람, 세상에 없는 최고의 블러디 메리를 만든 사람, 그 블러디 메리를 마시며 두고두고 기억할 순간을 만든 사람. 거대한 야심 없이도, 한 잔의 술만으로 특별해지는 인생의 부분들.

칵테일을 마시는 건 정말 멋진 일이다.

1119 응

 소심하기도 하고 상대의 기분을 상하게 하기도 싫어서 드러내어 반대는 못 하지만, 근무시간 8시간 사수하는 건 나에게 진짜 너무 엄청나게 중요하고, 시간을 넘겨서 일하는 걸 '열정'이라고 생각하는 사람과는 겸상 안 한다. 사실 겸상은 하는데 친구가 될 수 없다. 회사에서 내가 외로운 이유다.

 아무튼 그러저러한 일이 있어서 혼자 폭주기관차처럼 씩씩거리며 SNS에 썼는데 '아우 사실 8시간도 길죠. 오늘만 살 것도 아니고' 답글을 받으니까 어지럽던 마음이 사르르 녹는다.

 별거 아닌거 같아도 우정이 좋긴 좋다. 이러고 저러고 했다고 하면 심상하게, 이러고 저러고 했구나 힘들겠다, 해주는 그런 관계. 사람은 '응, 그랬구나' 하고 들어주는 존재 한 명만 있어도 괜찮아진다.

1120 손목시계

철로를 바라보고 있으면 사람들이 기차에 매혹되는 이유를 알 것 같다. 길게 뻗은 선로에는 무언가 마음을 끄는 부분이 있다. 먼 곳의 행선지를 알리는 안내 방송, 색이 바뀌는 신호등을 따라 천천히 움직이는 기차. 여행가방, 그게 아니더라도 두툼한 가방을 든 사람들. 설렘, 그게 아니더라도 평소와 다른 마음결의 사람들.

요시다 슈이치의 짧은 소설 '봄, 바니스에서'. 안정된 직장과 가정을 가진 삼십대의 남자가 어느 날 핸들을 아주 조금 왼쪽으로 꺾는다. 왼쪽에는 고등학교 시절 수학여행을 가서 손목시계를 묻어놓은 장소가 있다. 그는 손목시계가 아직도 돌 밑에 있을지 궁금했다. 아니, 사실 그는 시계가 그대로 남아있을 리가 없다는 걸 너무 잘 알고 있다. 그런데도 그는 생각한다. 정말로 손목시계가 남아있다면, 그 돌 아래에 아직도 있다면, 그렇다면 모든 것을 버리고 떠나버리자. 사라져버리자.

차분한 일상을 영위하다가 어느 날 갑자기 떠나버리는 사람들이 있다고 한다. 아무것도 아닌 것, 잡을 수 없는 것이 인생이라면 그런 이들을 이해못할 까닭도 없다. 비행기처럼 급박하지 않고 자동차처럼 가볍지 않게, 끝없이 이어진 기차를 타고 내가 모르는 삶으로 향하는 상상.

사무실에서 모니터에만 코를 박고 있다가 눈을 감으면 가끔 철로가 보인다. 끝이 보이지 않는 길 끝에 손목시계를 묻어둔 곳. 손목시계가 정말로 그곳에 있다면, 나 역시 기차에서 내릴 수 없을 것 같다.

1122 코코이찌방야 선언

점심시간에 박상영의 단편소설 '재희'를 읽었다. 읽으면서 웃겨서 계속 웃고 있었다. 재희는 사실 나였다. '인생의 중요한 문제들은 아무렇게나 넘겨버리는 데에는 재희만 한 고수가 없었다.'—고수는 아니지만, 인생의 많은 문제에 방종하기 짝이 없는, 지극히 제멋대로인 인간. 차이가 있다면 '남의 말'이라는 도마 위에 오르는 것을 극도로 꺼리는 점. 나는 소문과 나쁜 평판이 두려웠다.

"네 일만 아는 사람이라고 네 욕을 한다." 이젠 그런 말을 들어도 잠깐 기분 가라앉다가 다시 아무렇지 않게 된다. 응 맞아요 난 내 일만 아는데? 남의 일까지 흙탕발짓 하는 사람을 일컬어 광인이라 하지 않던가요. 내 약점을 남이 안대도 이제 상관없습니다. 왜 뭐 어때서? 누가 감히 날 평가해? 나이 들면 뻔뻔해진다. 매우 좋다. 남이 알까 두려웠던 것들이 많이 무의미해졌다.

밤 여덟시의 코코이찌방야에서 수란 추가한 시금치 더블토핑 카레라이스를 앞에 두고 한참 떠든 얘기는, 우리가 잘못했다고 못났다고 부족하다고 그러면 안 된다고 후려치는 말을 귀담아 끌어안고 살아갈 필요가 없다는 것. 남을 평가하는 데 바빠 자신의 인생에 집중하지 못하는, 다양한 장점과 다양한 세계를 이해하지 못하는 외골수의 관점에 사로잡히기엔 인생이 너무 짧다.

이를테면 나는 나의 '거리를 두는 습관'과 '귀차니즘, 적당주의' 및 '창의성 부족'에 대한 지적을 꾸준히 받아왔고 그때마다 상처받았다. 그게 사실이라 해도 왜 뭐 어때서요. 나를 후려친 사람들은 나보다 우월한 사람이 아니고, 나는 그들을 계속 기억할 필요가 없다. 어떻게 사람이 모두의 마음에 들 수 있나요. 회사에서 칭찬받으면 회사 애완견밖에 더 됩니까. 나는 나의 장점으로 살면 된다. 이런 얘기를 텅 빈 코코이찌방야에서 맥주 마시면서 고래고래 떠들었다.

나를 고통스럽게 했던 것들에서 벗어나서 걸어갈 거야. 날 위축시켰던 저주에서 벗어나고 있는 나의 40대는 틀림없이 좋을 거다.

1124 한밤의 드라이브

원룸에 사는 두부가 심한 층간소음 때문에 또 잠을 못 이룬다고 한다. 당장 짐 싸서 나와, 우리가 데리러 갈게. 밤 열두시 여의도에서 기다려 두부를 차에 태웠다.

셋이 난오 차 타고 집으로 돌아가는 게 무척 오랜만이다. 이십년 전쯤, 셋이 같이 살았다. 경희대 후문에 있는 다가구 주택 3층, 현관을 열면 바로 방과 화장실이 있는 원룸이었다. 나는 늦게까지 컴퓨터를 들여다보며 놀고, 두부와 난오는 이불을 쓰고 잤다. 한 명이 뒤척이면 다 들렸지만 불편한 줄도 몰랐다. 사실은 불편했는데 잊어버린 걸까, 그런대로 살 만했던 걸까.

우리는 지금까지 타고 있는 난오의 은색 아반떼를 타고 종종 동대문에 갔었다. 두부가 늦게 일을 마치면 밤 열시쯤. 인터넷 쇼핑몰이 없던 시대, 동대문은 저렴하고 예쁜 옷과 젊은 손님이 가득한 핫플레이스였다. 돌아오는 길엔 닭발을 포장해와서 신나게 먹었다. 막 사회생활을 시작했던 우리는 돈 벌어서 옷도 사고 구두도 사는 일이, 부모의 간섭 없이 심야에 닭발 먹는 일이 너무나 즐거웠다.

한밤에 여의도에서 등촌동까지 드라이브 하고 있으니 옛 생각이 났다. 우리는 조금 나이를 먹었고, 이제 같은 방 쓰는 건 불편하고, 시끄러우면 잠을 못 이룬다. 하지만 여전히 우리가 받은 가장 큰 선물은 서로에게 서로가 있는 것이다.

오늘 한 여자의 죽음이 있었다. 그는 스타이고 나와 접점이 없지만 왜 이렇게 마음이 아픈지. 사는 게 점점 어려워지는 시대다. 손 꼭 잡고 살자, 이 손 놓지 마. 우리는 손을 잡는다. 우리는 은색 아반떼를 타고 한밤의 노들로를 달린다. 우리의 시간은 영원히 우리의 잡은 손 안에 머문다.

1125 텅 빈 카페에서

뫄뫄 업무를 안 해도 된다고 속단을 내렸는데(누가? 내가) 출근해 보니 뫄뫄가 완성되어 있었다. 스스로의 허술함을 감추기 위해 우려를 뭉개며 뫄뫄 하자고 우겼다. 그런데 아뿔싸 역시나 뫄뫄 사용권리 없음. 허겁지겁 원상복구. 오늘도 판단착오로 여럿 고생시키고 신뢰까지 잃고 말았습니다.

꾸깃꾸깃한 마음으로 노트북 싸들고 카페에 왔다. 어둠침침한 주택가 골목에 덩그러니 있는 카페. 테이블은 세 개, 손님은 나 혼자. 주인은 밀크티를 내준 뒤 나가버렸다. 제가 케이크나 찻잔을 훔쳐가기라도 하면 어쩌려고, 뭘 믿고 가게를 비우는 거죠. 밀크티는 무척 훌륭해서 '자주 품절, 문의주세요'라고 특별히 적혀있을 만하다.

오늘 내가 꾸깃꾸깃했던 이유를 알고 있다. 판단 착오를 한 허술함을 들키고 싶지 않았고, 사람들에게 미안할 일도 하고 싶지 않았다. 실수하기 싫고 욕먹기 싫어서 마음이 어두워져 있었다. 불가능하다는 걸 알면서도 불가능을 원한다.

어제는 연극을 보러 갔었다. <맨 끝줄 소년>. 전박찬 배우 나온다는 거 말고는 어떤 정보도 없었는데, 제목과 포스터를 보는 순간 '이건 내가 매우 좋아할 극이다'라는 근거없는 느낌이 왔고 생각보다 더 좋았다. 배우가 30대 후반이기 때문에 이 극의 주인공(학생 역할)이 마지막일지 모른다는 기사를 보고 한번 더 보고 싶어서 열심히 양도표를 찾아봤지만 물론 매진이다. '이 훌륭한 연기를 보는 마지막 기회일지 모르는데, 이 순간은 필름으로도 남지 않을 텐데' 초조했지만 매진된 표를 구할 재주는 없다.

배우의 인터뷰를 읽는다. 한예종 출신, 정통 극단부터 대작 타이틀롤까지 커리어를 쌓으며 찬사를 듣는다. 이쯤 되면 꽤 재능이 있다고 봐도 무리가 없을 텐데, 그는 "연기를 너무 못해서" 공연하는 날이면 날마다 화장실에서 울곤 했다는 것이다. 답이 없는 걸 뻔히 알면서도 답을 구해야 하니 화장실에서 울게 될 수밖에. 무대는 책이나 필름이 아니니 휘발될 것이고 우리의 모든 것은 무無가 되겠지만. 가질 수 없는 것에만 영원을 맹세하고 매달리는 인간의 습벽을 생각한다. 매번 울면서도 사로잡히고, 계속 실패함으로써 무대는 완성된다.

계속 실패하는 일만이 완성이라는 마음으로 살자. 이번이 마지막 무대일지도 모른다는 안타까움으로 세계의 구석구석을 바라보자. 무대는 올려지고 실수는 생겨나고 '끝나면 모두들 떠나버리고 무대 위엔 정적만이 남아 있죠. 고독만이 흐르고 있(샤프 '연극이 끝나고 난 뒤')'겠지만, 그때의 고독은 무대 전의 고독과 완전히 다르다는 걸 믿자. 딱 한 번 뿐이어서 실수를 돌이킬 수는 없지만, 실수가 없는 무대는 없지만, 그게 무대를 망치지 않는다는 걸 믿자. 심지어 모두들 떠나버리고 정적과 고독만이 남아있대도, 무대는 영원히 사라지지 않는다는 걸 믿자.

 주인도 없는, 텅 빈 카페에서. 고독한 나의 무대에서.

1126 우리 이사 가면

휴가를 길게 낼 수 없었을 때, 어떻게든 주말을 쪼개서 제주도에 다녔다. 겨우 하룻밤, 고작해야 이박삼일쯤 보내면서도 처음부터 끝까지 꽉 차게 행복했다. 그 후 휴가를 마음대로 쓸 수 있게 되어 여기저기 길게 들락거렸지만, 놀랍게도 예전만큼 좋지는 않았다. 좋아하는 여행을 더 자주, 더 많이 하게 되면 얼마나 더 좋을까 싶었는데, 내가 틀렸다. 그때의 기쁨은 오직 그때에만 유효했던 것이다.

임시로 살던, 쥐 나오는 집과의 작별이 얼마 남지 않았다. 내가 산 집으로 드디어 진짜 이사를 간다. 그동안 난오와 나는 '우리 진짜 이사 가면'이라는 말을 못해도 백 번쯤 했다. 우리 이사 가면 오븐을 사고 우리 이사 가면 와인잔을 사고, 우리 이사 가면 이불을 자주 볕에 말리고 텐트를 싣고 봄날의 한강에 놀러 가고. 우리 이사 가면, 모든 것이 해결되고 행복만 시작될 것처럼.

여행을 빛나게 한 건 긴 휴가가 아니라 짧은 시간도 기쁨으로 받아들인 마음이었다는 걸 나중에야 알았다. 이제는 미리 알았으니까, 미리 다짐해본다. 우리 이사 가면, 거실이 생겨서 기쁘고 내 집이라 설레었던 마음을 기억하자. 한참이 지나 이 설렘이 희미해지고 옛 시절이 가물거려도, 우리 이사 가는 상상만으로 행복했던 순간을 잊지 말자.

겨울

서로의 꿈에 귀 기울여주는 사람을 만나는 기적,
서로가 새긴 문장을 만져볼 행운,
떨어져 있어도 서로의 앞에 놓인 날들을 함께 걷게 되는
마법을 믿어요.

1128 우리의 곁

스쿨푸드 떡볶이와 라면 그릇 앞에서 눈물이 났다. 일 잘하는 사람들이 하는 말이 모두 맞는 거 인정한다. 그렇지만 에둘러 반대 한 번만 당해도 그날밤 잠이 안 오는 게 사람인데, 매일 지적을 당하고 변명을 할 기회도 묵살당한다면 마음이 어떨까. 사람은 다 똑같은데 왜 다른 사람도 나만큼 마음 상할 거라는 생각을 못할까. 고통을 겪어야 고통을 안다. 예전에 나도 비슷하게 괴로웠으니까, 그의 마음을 모두 이해할 수는 없겠지만 고통의 질감은 느낄 수 있었다. 그래서 주책맞게 떡볶이 옆 냅킨으로 눈가 찍어내고 있었다.

회사는 이윤추구, 목적지향 집단이니까 방해물 발로 차며 앞으로 앞으로 나가는 사람이 박수 받고 꽃길 걷는다. 일이 뭔데 사람의 마음을 다치게 할 정도로 대단한가, 라고 생각하는 것부터가 성공 못할 미래 인증이다. 시간이 지나기 전까지 고통은 계속될 거다. "제 마음에 당신의 방이 있어요"라고 말하고 이 표현 좋은데, 생각했다. 고통을 함께 해줄 수 있는 작은 방을 만든다. 내가 할 수 있는 일을 한다.

리베카 솔닛의 <멀고도 가까운>을 읽는다. '신경이 없는 신체 부위도 살아 있기는 하지만, 자아를 규정하는 것은 고통과 감각이다. 당신이 느낄 수 없는 것은 당신이 아니다.' 나병 환자들의 손과 발을 상하게 하는 건 나병균 자체가 아니다. 나병은 신경만 죽인다. 신경이 죽으니 고통을 느낄 수 없다. 어딘가에 부딪혀도 아프거나 울거나 할 일이 없다는 얘기다. 부딪히고 상처입어도 피부를 보호하지 않는 일이 계속되면 그 부위를 잃게 된다.

고통이 곧 나 자신이라는 것을, 서로의 고통을 느낄 수 있어서 우리의 세계는 넓어진다는 것을, 결국 고통만큼 성장한다는 것을 인정한다. 단지 시간과, 견딜 수 있는 작은 방이 필요하다. 그러니까 괜찮아. 시간은 결국 당신의 편이고, 우리는 서로의 곁에 있을 거니까.

1202 다정한 존재

드디어 진짜 내 집으로 이사. 도배와 입주청소와 실리콘 시공 때문에 가족들과 투닥거린 뒤 짜증이 났다. 나이가 드니 누가 나에게 충고를 하면 그걸 고맙게 듣고 발전의 동력이 되는 일은 없으며 바로 짜증이 난다. (생각해보니 어릴 때부터 그랬던 것 같다.) 충고를 듣는 척해도 실제로 행동으로 옮긴 적은 한번도 없다. 물론 나도 타인에게 긴 잔소리와 엣헴 훈계를 자주 하는데 그가 내 말로 바뀐 적 역시 없다. 인간이란 역시 듣고 싶은 말만 듣는 종족이며 우리는 모두 자기 잘난 맛에 살다 가는 존재들이다.

그리하여 어쨌든 벽지도 바르고 실리콘도 새로 둘렀다. 음료수 사들고 잠깐 들렀는데, 실리콘 기술자가 스피커폰으로 아내와 통화하며 일하고 있다. 기술자는 한국어가 서툰 아내를 위해 말을 아주 천천히, 다정하게 했다. 낡은 실리콘을 하나하나 손으로 뜯어내는 지난한 일도 따뜻하게 만들어주는 사람의 존재. 바닥에 살며시 음료수를 놓고 돌아왔다.

처음으로 집을 사고, 처음으로 큰돈을 빌리고, 재테크라든지 노후라든지 하는 것들도 처음으로 깊이 생각한다. 세 자매가 함께 사는 것도 (임시가 아닌 형태로는) 거의 처음이어서 칡넝쿨처럼 어울렁더울렁 얽혀 내가잘났네 너때문이네 투닥댔다 똘똘 뭉쳤다 한다. 이 모든 폭풍을 거쳐오면서 바라는 건, 실리콘 기술자의 전화 통화 같이 사는 것.

　서툴어도 좋아요. 우리는 다 이번 인생 처음이잖아. 천천히, 다정하게, 심심하면 심심한대로 힘들면 힘든대로, 별다르지 않은 온기에 기대어. 그렇게 살자.

1206 괄호열고 괄호닫고

매일 일기 쓰기가 재미있는데, '100퍼센트 재미있'다기보다는 '(눈물닦고) 재미있'다. 매일 쓰기로 결심했지만 마음먹고 맥북 뚜껑을 열기 위해서는 바닥나지 않은 체력과 어느 정도 미치지 않은 정신상태가 필요한데, 회사 다녀오면 항상 제정신이 아니기 때문이다. 물론 모든 안 좋은 일에 회사 핑계를 댈 수 있는 건 회사원의 몇 안 되는 장점 중 하나다.

매일 일기 쓰기는 무섭다. 하루만 밀려도 다음날 2배가 되는 신종 일수 빚, 마음의 부담은 복리의 속도로 늘어난다. 스크리브너의 이빠진 '12월 6일' 페이지를 노려보다가 개발새발 써둔 일기용 메모를 펼친다. '초밥 먹음, 도서관 책 10권 짊어지고 후회의 반납 대장정, 두부 이사'. 이런저런 일이 있었던 듯한데 쓸 말도 없고 기억도 안 나고, 누가 시킨 일도 아닌데 왜 매일 일기 쓰기를 시작해서 사서 이 고생을 하느냐(라며 스타벅스에서 베이컨 치즈 토스트를 맛있게 먹고 있다).

요즘 들어 느끼는 건데, '100퍼센트 재미있'는 건 진짜 재미있는 게 아니다. 진짜는 원래 '괄호열고 눈물닦고 괄호닫고 재미있'다. 2020년 1월에 2019년 12월을 돌아보니 '괄호열고 눈물닦고 괄호닫고 재미있네'의 시절이었는데(새로 이사해서 좋았지만 여러 고민이 있었단다 과거의 나야. 미래의 내가 알려주러 옴), 결과적으로 나쁘지 않았다. 예를 들어 배가 고프지 않다면 이 토스트가 그렇게까지 맛있진 않잖아요. 배가 고플 시간이 필요하겠죠. 배가 고플 시간, 괄호열고 눈물닦고 괄호닫는 시간, '종이를 이어붙일 때 풀칠하기 위해 남겨두는 부분 같은 (내가 1월에 읽게 될 마쓰시에 마사시의 소설 <여름은 오래 그곳에 남아> 202쪽)' 시간을 미리 그리워하며, 1월의 내가 쓴다.

1209 탁발승

내가 얼마나 힘들고 많은 일을 하는가, 우리 회사는 얼마나 야비하며 그럼에도 나는 짝사랑을 끊어내지 못하는가, 내 주변엔 얼마나 추한 사람들이 많은가. 이젠 이런 이야기가 그렇게까지 흥미롭진 않다.

집에 와서도 생각나는 건 상대의 목소리 사이사이에 어린 물기나 공기다. "부모와 같이 사는데, 독립해서 살고 싶다" '사는데'와 '살고 싶다' 사이의 간극, "매일 8킬로미터를 걸어서 살을 뺐다" 8킬로미터를 걸을 때 본 것과 생각한 것. 그런 말들을 떠올리면 우리가 인생을 걸어서 건너가고 있다는 것, 그렇게 각자의 폭풍, 각자의 어둠, 각자의 매일을 감당하고 있음이 실감난다.

좋아하는 책이 있다. 라오스의 승려가 옷을 입는 과정을 찍은 사진집이다. 옷이래봤자 허리띠로 두른 하의와 속적삼과 장삼뿐, 너무 단순해서 사진이 몇 장 안 된다. 마지막 페이지엔 승려의 전 재산 목록이 적혀 있다 : 세 벌의 옷, 그릇, 허리띠, 우산, 면도기, 이쑤시개. 한 장 한 장 넘겨보면 마음이 단순해진다.

요즘은 그토록 싫던 사람도 그렇게까지는 밉지가 않다. 이 작은 평화가 조금이라도 더 지속됐으면.

1210 계절들

과식했더니 땡땡 부었다. 화장실 거울 속 꺼져들어가는 눈두덩과 비죽 솟은 흰머리가 거슬린다. 시간은 착실히 흐른다. 초라해지는 과정을 받아들이는 일만이 남았다.

체구가 작은 사람들에게 주어지는 '동안' 치레를 들었다. 이젠 이리 보고 저리 봐도 완연한 중년이라 그런 말은 쑥 들어갔지만, 원래부터 칭찬의 뜻이라 해도 그 말은 이상했다. 외모에 대해 말을 얹지 않으려고 노력하게 된 지금은 더 그렇다.

애써 태를 내지 않고 수수하게 살자. 윤기나는 조생귤 대신 우둘투둘한 여름귤(하귤)이어도 좋다. 과육은 쌉쌀하지만 하귤차와 하귤잼은 세상에서 제일 맛있다. 우리 계속 푸르지 않아도, 꿈꿨던 다른 계절들을 살자.

1211 인생을 채우는 것

일기 쓰다가 다 지웠어요. 마음에 안 들어서요. 오늘 있었던 일을 그대로 쓰는 것뿐인데 뭐라고 써야 할지 갑자기 막막해졌어요. 그럴 때가 있잖아요.

오늘 하루 휴가 냈거든요. 종일 있어보니 집의 장단점이 눈에 들더라고요. 모르던 소음이 들려요. 찻길 소음이야 창을 닫으면 되는데, 엔진음 비슷한 웅웅 소리가 집 전체에서 간헐적으로 나요. 무슨 소리일까요. 결국 좋아하는 음악을 연달아 크게 틀었어요. 크리스마스 재즈와 시티팝, 그리고 백예린의 새 앨범. 제가 말했던가요. 이 사람의 목소리는 눈물을 쏟거나 살을 만지는 느낌이 난다고.

일전에 어떤 글도 안 써져서 남이 하는 말을 받아적기만 할 때가 있었어요. 아무 말이고 괜찮으니까, 엿들은 말이든 흘러간 말이든, 완전히 무의미한 말이라도, 하루에 단 한 문장이라도. 그날은 동생과 한 대화를 받아적었네요.
나 : 배터리 고정핀이 뭐야?
난오 : 몰라. 없으면 뭔가 불편하겠지. 필요하니까 있어.

난오는 음악학원에서 일하는데, 그곳의 캐치프레이즈는 '인생을 채우는 음악'이에요. 오늘 집에서 나는 소음이 신경쓰여, 음악을 틀며 생각했네요. 인생은 앞으로도 대체로 불만족스러울 거고 모든 걸 뜻대로 할 수 없을 텐데, 저는 더 많은 음악을 듣고 더 많은 순간을 누릴 수 있을까요.

여행할 때, 일부러 '오션 프론트 룸'을 빌려서 잠들었어요. 현관문 밖에 덜렁 침대를 놓은, 말 그대로 '파도 바로 곁'에서 잤던 기억. 시끄러울 정도로 큰 파도 소리에 감싸여 의외로 깊은 잠에 빠졌었는데. 가끔 파도 옆 침대를 떠올려요. 인생이 직조하는 다양한 무늬들에 조금 더 너그러워지길 바라는 순간에.

어떤 것이든, 필요하니까 있는 것이겠죠. 완벽하지 않아도 완벽한 것보다 더 좋은 날들로 인생을 채울 수 있을까요. 불완전한 인생을 채우는 음악처럼, 불완전한 날들을 채우는 사랑하는 날들은 가능할까요. 어쩌다 떠밀려온 바다라 해도, 기꺼이 서핑을 할 수 있을까요. 우리는 그렇게 살 수 있을까요.

1213 육교에서

퇴근길에 버스가 하도 안 와서, 환승을 결심하고 일단 674번을 타고 안양천 입구에서 내렸더니 육교가 있다. 육교를 건너는 건 무척 오랜만이다. 헤드라이트 켠 차들의 행렬, 차가운 겨울 공기가 좋아서 잠깐 멈춰서 길 끝을 바라보았다. 나는 멈추고 차는 달린다. 시간의 은유 속에 있는 것 같다.

본사 인사발령이 났다. 나에겐 상사가 바뀌는 셈이어서 나의 다음 해에 영향을 미치지만, 늘 들고나니까 심상하게 가는구나 오는구나, 한다. 보직 발령받은 분에게 축하드린다고 했더니, 다 같이 동기들과 달리다가 이젠 각자의 길을 달리게 되는 것이죠, 한다. 무슨 말인지 알면서 모르는 척했다.

나중에 나이가 더 들어서 안양천 육교 다시 한번 건너가보고 싶다. 오늘처럼 적당히 쓸쓸한 저녁이라면 좋겠네.

1214 읽지 못한 책

친구들을 만났다. 20년 가까이 된 사이다. 만나면 주로 나의 고민풀이를 한다. 이사간 집에서 소음이 났다(환풍기로 추정되지만 새 집에 적응할 시간도 필요하다), 퇴사를 대비하여 뭘 해야 할까(미술학원), 늘 항상 언제나 피곤하다(근육량을 늘려야 하며 밀크시슬을 추천) 등.

집에 돌아와서는 도서관에 갔다. 가양도서관은 처음이다. 강서도서관(36만권)과는 비교가 안 되지만(4만권) 아무리 많아도 다 읽을 수는 없으니까. 영화광으로 유명한 배우 니시지마 히데토시에게 최고의 영화를 꼽아달라고 하자 그는 대답하지 못한다. "세상엔 제가 아직 보지 못한 영화들이 너무나도 많은걸요." 도서관에 갈 때마다 그런 심정이다.

책을 빌려 돌아오다가 저녁을 먹었다. 짜장과 우동을 같이 파는 가게다. 우동을 시켰더니 짜장면 면발에 국물이 부어져 나온다. 실망이다. 실망해도 싹싹 비운다.

요새 눈이 침침해, 라고 했더니 친구도 동체시력을 조절하는 힘이 약해져서 초점이 느리게 맞는단다. 맞아맞아, 하며 웃었다. 회사는 다 젊은 사람들이라 이런 이야기 하기 어려워, 나만 나이 먹은 것 같아서 좀 위축돼 있어. 친구의 고민풀이는 다음과 같다. "그렇지만 나이 먹어서 일하는 사람에겐, 젊은 직원이 갖지 못한 장점도 있어."

적응하기, 미술학원, 근력과 밀크시슬, 나이가 주는 장점. 착실한 학생처럼 전부 실행에 옮길 생각이다. 눈이 침침해지는 건 사실이지만, 눈 밝을 때보다 간절한 마음이 있다. '가장 훌륭한 시는 아직 쓰이지 않았다. 가장 아름다운 노래는 아직 불리지 않았다. / 최고의 날들은 아직 살지 않은 날들. 가장 넓은 바다는 아직 항해되지 않았고 가장 먼 여행은 아직 끝나지 않았다.' 그런 시도 있잖아요(나짐 히트메크, '진정한 여행'). 인생 최고의 날들을 꼽아달라면, 나 역시 아직 대답할 수 없다. 세상엔 아직 보지 못한 영화가, 읽지 못한 책이, 너무나도 많은걸요.

1215 당신의 책

모르는 작가의 프로필 한 줄도 온갖 상상을 덧붙여 읽는 과대 감상자. 호시노 미치오의 <알래스카, 바람같은 이야기>를 폈는데 책날개 첫 줄부터 눈을 뗄 수 없다. '10대 후반의 청년시절에 처음 알래스카로 떠난 이래', 짧은 문장 속에 한 사람의 평생을 사로잡은 극북의 하늘이 펼쳐진다. '8월 8일 쿠릴 호반에서 취침중 불곰의 습격으로 사망했다. 향년 43세.' 소년은 자신의 운명을 보았을까? 한 사람의 생을 담은 마침표 앞에서 쉽게 떠날 수 없다.

많은 것을 가졌음에도 고작 책 한 권 내고 소원을 이루었다고 기뻐하는 일이 낯설지 않다. 많은 이들에게 한 권의 책은 꿈이고 열망이다. 실제로 책을 쓰지 않아도, 산다는 건 자신만의 책을 채우는 과정이니까. 책 한 권 한 권마다 삶을 결정짓는 여명과 경이로운 순간, 무수한 죽음이 있다. 어떤 성취의 흔적이 이보다 더 풍부하게 인생을 담을 수 있을까. 책은 확실히 인생의 꿈이 될 만한 존재다. 나는 그렇게 믿는다.

친구가 놀러 왔다. 소설 쓰는 사람이라 요즘 어떤 것을 쓰는지 잠시 이야기한다. 궁금해도 자세히 묻지는 못한다. 가끔 좋은 카페를 보면, 여기서 그가 쓸 책을 읽으면 좋겠다는 생각을 한다. 그는 나에게 아직 나오지 않은 책을 상상하게 하고, 보이지 않는 미래를 더듬게 하는 사람이다. 그러니까 내가 어떻게 그 책을 간절히 기다리지 않을 수 있을까.

당신의 책을 기다려요. 서로의 꿈에 귀 기울여주는 사람을 만나는 기적, 서로가 새긴 문장을 만져볼 행운, 떨어져 있어도 서로의 앞에 놓인 날들을 함께 걷게 되는 마법을 믿어요.

1219 삶의 방식

회사를 울면서 (문자 그대로 출근할 때도 울고 일하면서도 울고 집에 와서도 울었다) 다니던 때에도, 이만하면 살만하네 하며 싱글싱글 다니던 때에도, 어떤 순간이든간에 곧 회사를 그만둘 거라고 생각했다. 이렇게 한심한 인간들로 가득찬 못생긴 공간에서 같잖은 일로 아옹다옹하며 인생을 소진하기에 나는 너무 대단하고 특별한 존재였으니까. 사표 내는 시늉도 못 해보고 1N년을 지나서야 인정하게 됐다. '잘 다니던 회사를 때려치우고'라는 문장은 내 인생에 없을지도 모른다는 사실을.

수직적인 톱니바퀴 안에서 균질한 존재로 거듭나길 종용하는 조직에서 가장 많이 느낀 건 존재의 다양함이었고, 업무라는 하나의 미션이 부여된 회사에서 비로소 깨달은 건 인간은 단일한 목표로 포섭되지 않는다는 사실이었다. 일을 고민한다는 것은 결국 인생을 고민하는 것. 회사와 동일시한 삶은 퇴사와 함께 소멸되지만, 회사를 다니면서 고민하고 선택한 삶의 방식은 영속한다. 삶은 회사보다 길다.

직업을 선택하진 못했다. 대신 삶의 방식을 선택하기로 했다. 직업과 내 삶을 등치시키는 것을 거부하고, 어떤 일을 하든 내가 선택한 방식으로 살기로 결정한 순간부터 회사에 다니느냐 퇴사하느냐는 더이상 큰 문제가 되지 않았다. 돈 말고도, 딱 하나 더 회사에 다니는 이유라면 아마 이것이다.

1222 완제품

옛날에 뮤지컬을 좋아하는 친구 때문에 많은 뮤지컬을 보았는데, 거의 매번 졸았으며 지금은 기억이 하나도 안 난다. 원래 뮤지컬이라는 장르를 그리 좋아하지 않는다. 극 중간에 갑자기 노래를 하는게 마뜩잖다고 할까, 극단적이고 과장된 감정이 휘몰아치는게 부담스럽다고 할까.

뮤지컬 배우를 좋아하게 돼서 <스위니토드>를 보러 갔는데 무척 마음에 든다. 피가 흐르는 서사가 자유자재로 풀리고, 로맨스라고만 단정지을 수 없는 감정 농도가 다채롭다. 100퍼센트 커플 서사가 밋밋하게 느껴질 지경이다.

정의하지 못하는 관계, 설명하지 못하는 감정, 예측을 허락하지 않는 재능이 매력적이다. 예상 가능한 회사원 인생을 조심스럽게 살고 있다. 100퍼센트 완제품은 그 정도로 충분하니까, 날 들었다 놨다 해줬으면 좋겠다. 완벽한 작품이 아니어도 괜찮다. 마음에 쏙 들어와줘요, 불완전하고 제멋대로인 내 사랑.

1224 은하방어의 밤

집 앞에 대형마트가 있는데 그다지 좋지 않다. 일단 생각보다 비싸다. 그리고 너무 넓어서 많이 걸어야 한다. 상품이 많으니 유혹도 크다. 계란과 스팸을 사러 갔을 뿐인데 내 손엔 '행사상품 방어회'가 들려 있었다.

행사상품 방어회는 약간 비리다. 캔맥주 몇 모금에 취기가 돌며 '좋았던 옛 시절'을 떠올린다. 제주도에서 먹었던 진짜 맛있는 방어라든지, 떠들썩한 횟집에서 제일 크게 떠들고 술을 콸콸 부으며 곁들이던 방어 같은 것. 세월이 갈수록 더 멋있는 데서 더 좋은 걸 먹는 게 아니라 마트 떨이 방어회 사서 혼자 먹고 있구나. SNS에 토로하니 사람들이 김치 헹궈서 싸먹어보라는 둥, 다시마와 함께 냉장실에 두면 된다는 둥 위로해줘서 조금 기분이 좋아졌다.

어제는 다른 곳에서 근무하는 사람이 회사 앞까지 와줘서 같이 밥 먹었다. 그는 인생에서 딱 하나 후회하지 않는 일로 아이를 낳은 것을 꼽았다.
"지난 십 년의 제 인생이 사라지다시피 했지만 제가 딸에게 더 많이 받았으니까. 딸은 더이상 가능하지 않을 정도로 저를 사랑해주니까. 애정결핍이 심했는데 딸을 키우며 많이 좋아졌어요."

그 말을 생각하고 있다. 애정결핍 같은 약점을 스스럼없이 말하는 그에게 꽉 찬 행복을 느낀다. 더 많이, 더이상 가능하지 않을 정도로 사랑하는 일처럼 아름다운 일은 세상에 없는 것 같다.

성탄전야 특선 독서로 <위저드 베이커리> <은하철도의 밤> 같은 걸 읽고 있다. 과거의 멋있었던 방어회의 날들을 떠올린다. 평행우주 속에 그때의 나와 지금의 내가 함께 있다면, 그때의 나뿐 아니라 지금의 나도 힘껏 사랑해주고 싶다. 잘한 일, 남부럽지 않은 일뿐 아니라 실패하고 후회하고 안 좋았던 일이 모두 모여 지금의 내가 됐다. 2020년에도 꾸준히 그랬으면. 그럴 수 있겠지.

그때 통제할 수 없이 눈물이 한 줄기 흘렀다. 이 눈물의 이유는 뭘까? 어쩌면 나는 오래전에 내 옆에 있었던 무언가를 잊어버린 채 살고 있는지 모른다. 나는 무얼 잊어버리거나 놓고 온 걸까. 그 애는 내가 선택하지 않은 어느 평행우주 속에 살고 있어서 나와 깊은 관계를 맺었던 아이일까. 그 애뿐 아니라, 지금껏 내가 선택해오지 않았거나 거부해온 모든 요소와 사람들이.
버스가 털털거리는 바람에 눈 속에 고여 있던 물기가 허공으로 흩어졌다.
(구병모 <위저드 베이커리> 중에서)

1225 커피와 담배

크리스마스다. 회사 하루 쉬는 날. 안 씻은 얼굴에 패딩 걸치고 집에서 3분거리 스타벅스로 성탄특선 외출을 한다. 엘리베이터 고장나서 걸어내려온 무릎아 괜찮니. 성탄특선 메뉴로 화이트 딸기 체커스 케이크를 주문했다. 찻잔에서 티백 빼기도 전에 케이크 깨끗이 해치운 내 소화기관은 아직 젊구나.

집에 와서 감자짜글이에 밥 비벼 먹고 성탄특선 영화를 보기로 했다. 유플러스 무료 영화 중에 적당한 걸 고르고 오붓이 텔레비전 앞에 앉았다. 한참 보고 있는데 옆에서 두부가 한탄하는 소리가 들린다. "아아, 크리스마스에 이런 영화나 보고 있어야 하다니." (음? 영화를 고른 나를 비난하는 건가?) 아무튼 성탄특선 패밀리 무비 이벤트는 그렇게 떨떠름하게 끝났다.

회사 송년회를 12월 30일에 한대서 누가 시간이 나겠냐는 둥 몰상식하다는 둥 실컷 뒷담화를 했지만, 사실 연말 약속이 한 건도 없다. 며칠 전에 대학 친구들을 만난 것이 유일하다. 얼어붙을 것 같은 추위 속에 택시를 잡아타고 술집으로 향하던 날들은 사라졌다. 흥성했던 과거의 빈 자리를 채우는 건 고요함과 자족감이 아니라 멀뚱함과 머쓱함이다. 비혼 중년의 심심한 인생, 신나고 싶은데 어떻게 해야 신나는지 몰라서 "야! 신! 난… 다… (점점 작은 목소리로)" 엉거주춤한 춤을 추는 날들.

오늘 스타벅스에 앉아 있는데 장애가 있는 사람을 평소보다 많이 봤다. 두 명은 휠체어를 타고 왔고, 다른 한 명은 언어장애가 있다. 언어장애가 있는 여자는 일행과 천천히, 정답게 대화했다. 나는 그 옆에서 일기를 쓰고, 귀갓길에 크리스마스 케이크를 샀다. 문득 케이크를 당연하게 살 수 없는 사람들이 있으리라는 생각이 들었다. 평범해 보여도 모두에게 당연한 일상은 없다.

영화 속 모든 출연자의 앞엔 커피와 담배가 놓여 있다. 말하다 끊길 때, 스스로가 우스꽝스러울 때, 마음이 헛헛할 때, 커피를 마시고 담배 연기를 뱉는다. 세계는 달콤하지 않고 인생은 끝까지 외롭고, 원해서가 아니라 어쩔 수 없이 살아간다는 것을 깨닫는 순간, 당연한 줄 알았던 세계의 틈을 본다. 예수가 다시 온다면 외출하기 어려운 사람, 케이크를 살 수 없는 사람, 보이지 않는 사람들에게 더 가까울 것이다. 부족함에 깃드는 작은 틈, 그건 부족함이 아니라 신의 틈일지도 모른다. 오늘 하루 부족하고 조용하고 낮은 이들에게도 커피 한 잔과 담배 한 모금 같은, 쓸쓸한 평화가 주어지길.

크리스마스에 본 영화는 짐 자무시의 <커피와 담배>였습니다.

1229 하루 종일 영화

어제 오늘 총 10시간 영화를 봤다. 텔레비전 시리즈여서 영화관에서 보기 쉽지 않다. 대학생 때 키에슬로프스키의 이 연작을 본 뒤 완전히 매료되었고, 지금까지 인생 최고의 감독 부동의 1위를 차지하고 있다. 그러고 보면 20대 초반은 얼마나 중요한 나이인지. 그때 쌓아둔 취향의 성벽이 마흔을 넘겨도 견고하다. 그때 경험한 것은 나이를 먹으면 절대로 똑같이 느낄 수 없다. 내가 이 영화를 지금 처음 본다면 과연 그만큼 좋아했을까. 지금 스쳐 지나가는 노래, 지금의 표정, 지금의 생각은 오직 지금에만 오고, 나의 마음에 들어오는 것도 오직 지금뿐이다.

어제 4시간, 오늘 6시간을 영화관에 죽치고 있었지만 하나도 지루하지 않고, 집에 와서도 인상적인 이미지들이 눈앞에 어른거린다. 1편에서 얼음 쥐고 있는 마지막 장면, 2편 유리컵 속 파리 이미지, 실제로 심장을 아프게 하는, '사랑은 무엇일까' 생각하게 만드는 6편의 장면들. 정말 너무너무 좋다. 벅차게 지금 좋아해야지. 다음은 없다. 지금뿐이다.

가장 좋아하는 감독인 크쥐시토프 키에슬로프스키의 가장 위대한 영화, <데칼로그>를 보았다.

1230 새우버거

새우버거라는 말을 떠올리기만 해도 생각나는 사람이 있다. 예전 회사 사람인데 그리 멀지도 가깝지도 않았다. 요컨대 사람들과 어울려 점심을 먹지만 단둘이는 먹지 않는 사이였다.

경향신문사 2층 맥도날드에서 새우버거 포장을 벗기며 그가 말했다. 저는 새우버거가 제일 좋아요, 항상 새우버거를 먹어요. 그때까지 새우버거를 한 번도 먹어본 적이 없어서 이후에 먹어봤다. 케첩과 마요네즈를 묻힌 포근한 어육튀김, 어린이의 맛. 나쁘지 않았다.

지금까지도 새우버거를 먹을 때면 꼭 그 사람 생각이 난다. 그의 갈색 부츠, 그가 자주 휴가를 가던 나라, 그가 싫어했던 버릇. 새우버거처럼 맥락없고 하찮은 기억들이 미처 외면할 새도 없이 줄줄이 사탕처럼 딸려온다. 예전 회사를 떠난 지 십 년, 특별한 감정 없이 스쳐간 이가 왜 계속 생각날까. 오늘도 새우버거를 먹으면서(아니 새우버거를 선택하는 그 순간부터) 계속 경향신문사 2층을 떠올리고 있었다.

우리는 기억하고 싶은 것을 기억하는 게 아니라 기억에 선택되는 존재라는 생각이 들 때가 있다. 누군가의 삶 속에서 나의 파편들 역시 그렇게 재생되고 있으리라. 한 사람의 우주에서 영원히 나를 떠올리게 할, 뜬금없고 사소한 기표들을 상상한다.

1231 킵 킵 고잉 고잉

아직도 소파가 없어서 마루에 담요 깔고 사는지라 퇴근길에 또 백화점에 들렀다. 형편에 맞지 않는 고급 브랜드를 기웃거리다가 '세컨드 브랜드' 소파를 사버렸다. 이름만 뫄뫄-세컨드지, 뫄뫄-오리지널 반의 반도 안 되는 가격이다.

올해는 인생에서 돈에 대해 제일 많이 생각한 해였지만 주도면밀한 경제생활은 하지 못했고, 여전히 '선택못함-충동구매-마음고생' 패턴을 답습하고 있다. 방금도 구입한 소파 모델명을 검색하며 (더 싼 판매처가 있으면 어쩌지? 역시 다른 소파를 더 봤어야 했나? 가죽이 늘어날 것 같은데?) 일어나버린 일에 대한 후회와 일어나지 않은 일에 대한 걱정을 늘어지게 했다.

회사에서도 몇 사람이 떠나서 더욱 '끝의 끝' 같은 기분이다. 한 사람씩 돌아가며 고별사를 건넸다.
"이왕 그만두는 거, 괜히 그만둔 거 아닌가 다시 눌러앉을 걸 그랬나 후회하지 말고 뒤돌아보지도 말고, 그냥 앞만 보고 가세요."
어떤 고별사가 마음에 박힌다. 젊으니까 쉽게 그만두고 다른 데 가면 되겠지, 사실은 그렇게도 생각했었다. 내가 틀렸다. 그게 어디 그렇게 쉬운 일이었나. 나도 내 발로 떠났던 때마다 수십번 울고 수백번 뒤돌아보지 않았던가.

"만남이 있으면 헤어짐이 있는 거겠지요?" 눈가가 젖은 동료의 말에 "저희도 언젠가 헤어지겠지요" 답했다. 만나면 언젠가는 반드시 헤어진다. 태어나면 언젠가는 반드시 죽는다. 회사도 언젠가는 반드시 그만둔다. 우주 순환의 법칙이다. 언제 떠날지 모르면서 영원할 것처럼 욕망하고 미워하고 바라고 원한다.

퇴사하는 것도 아니면서 고별사를 곱씹는다. "이왕 그만두는 거, 괜히 그만둔 거 아닌가 다시 눌러앉을 걸 그랬나 후회하지 말고 뒤돌아보지도 말고, 그냥 앞만 보고" 그렇다. 이왕 인생이라는 여행을 떠난 거, 이왕 회사 다니는 거, 좌고우면 남인생곁눈질 이럴걸그랬나 저러면 좋겠다 소용없다. 이왕 이렇게 된 거, 후회하지 말고 뒤돌아보지도 말고, 그냥 앞만 보고. 인생 킵 고잉 킵 킵 고잉 고잉이다!

0101 이상한 새해

초저녁부터 자다가 눈떠보니 새해다. 새해 첫 끼로 계란지단 올린 떡국을 먹고, 옷장 정리했다. 안 입는 옷을 많이 버렸다. 한때 잘 입었던 옷들인데 이제 체형도 취향도 변해서 입지 않는다.

연극을 보며 즐거운 휴일을 보낸 뒤 '옷장 정리했다'고 일기를 쓰다가, 버린 옷더미 속 갈색 멜빵 원피스를 떠올렸다. 그 옷은 거의 모든 나의 중요한 겨울 외출 사진마다 등장한다. 그렇게 13번의 겨울을 지냈다. 사실 최근 이삼년간은 더이상 입지 않았다. 무릎이 보이는 길이가 불편하고, 낡아서 보풀이 많아졌다. 앞으로도 안 입을 건 확실하다. 다른 옷 무더기와 함께 시원하게 버린 건 합리적이고 당연한 선택이었다. 그러나, 아, 나는 그 옷을 너무나 사랑했다.

"내 갈색 멜빵 원피스, 입을 수 있지 않을까? 아니라도 그냥 간직해둘걸. 내가 왜 버렸지?" 나와 두부는 쓰레기장으로 달려가 키보다 높은 수거함에 매달려 옷걸이와 꼬챙이로 옷을 낚으려고 버둥거렸.
"없어. 없나봐." 꼬챙이가 철제 수거함에 부딪혀 쾅쾅거리는 소리가 한밤의 아파트 단지에 울려퍼지고, 절망적으로 꼬챙이를 휘저었지만 애꿎은 모자와 양말짝만 딸려 나왔다. "내일 경비실에 물어보자." 우리는 결국 단념하고 집으로 돌아왔다.

오늘 두부에게 메시지가 왔다. '경비실에서 못 찾았대.' 그렇게 갈색 멜빵 원피스는 영원히 사라졌다.

사실은 지금도 괜찮지 않다. '새 술은 새 부대에'라고 말해보아도, 한갓 옷 따위지만, 다시 입을 일도 없겠지만, 그래도 마음이 아프다. 사랑하면서 이별한다는 게 이런 느낌일까, 아쉬움일까 슬픔일까 미련일까.

'내가 가장 예뻤을 때의 모습을 버리는 것 같은 느낌이야.' 우울하게 메시지를 보내니 난오가 회신을 했다. '그때의 너도 예뻤지만 지금의 너도 예뻐.' 지금보다 과거가 더 눈부셨다고 생각하는 걸까, 그래서 과거를 버리는 기분 때문에 마음이 더 가라앉는 걸까. 요즘 거울 볼 때마다 흰머리가 나고 주름이 깊게 자리잡는 모습은 어쨌든 낯설었으니까.

1월 1일에 본 연극에서 그런 말이 나왔다. "내가 이 주름 만드느라 얼마나 고생했는데 보톡스를 왜 맞아?" 맞아, 나 주름 만드느라 정말 고생했지, 펴면 아깝네, 그러면서 웃었다.

예수정 배우를 보러 간 연극이다. 크게 힘 들어가는 배역도 아닌데 존재감이 있다. 흰머리 아무렇게나 묶고 툭 내뱉는데 품위가 있다. 이상해 이상하군, 저렇게 연기를 해도 아우라가 있군, 했다. 60대 중반에도 열정으로 살고, 아름다운 척하지 않아도 아름답군, 조연이든 주연이든 계속 연기하고, 귀기울이고, 웃고, 그렇게 살고 있군, 했다. 그렇다면 이것은 새해 첫날에 알맞은 얼굴이 아닌가.

올해의 목표이자 앞으로의 목표라면 오직 저렇게 사는 것뿐이다. 조연이든 주연이든 사무직이든 판매원이든 뭐든, 나는 계속 일하고 계속 귀기울이고 계속 웃고, 참 이상해 이상하군, 아쉽고 슬프고 미련이 남아도 계속 걸어갈 테니 삶이란 참 이상해 이상하군, 그렇게 말하고 싶다.

이상해 이상하군, 갈색 멜빵 원피스가 사라졌는데 내 기억과 사진과 글 속에 영원히 남으니. 이상해 이상하군, 육체적인 젊음이 사라져도 하루하루 더 젊은 마음이 되니, 이상해 이상하군. 이상해서 좋은 새해, 또 그다음 새해에도, 그렇게 계속 새해처럼.

0103 지옥열차

오늘 실로 몇 년 만에 발표라는 것을 하는데 옛 생각이 났다. 4명이 하던 일을 혼자 떠맡아서, 밥을 10분 먹고 하루 종일 일만 해도 밤 11시에 끝났다. 그런데도 눈 뜨자마자 8시까지 기어나왔다, 왜냐면 15시간씩 일하지 않으면 당일 귀가가 보장되지 못할 정도로 일이 많았기 때문이죠. 그 와중에 격주로 열 장짜리 보고서를 만들었다.

그때를 생각하면 지금은 신선 꽃놀음, 거저 일하기, 인생 별들 날 정도로 그저 감읍하며 다니고 있습니다. 일단 야근을 하지 않기 때문에, 물론 일은 다 못 끝내지만, 열심히 해도 욕먹고 열심히 안 해도 욕먹는 게 회사생활이라면 열심히 안 하고 욕먹는 게 이익 아닐까요? 아무튼 사람이 한번 지옥 구경을 하고 돌아오면 별거 아닌 일에도 행복해지는 법이다.

사실 지금 내가 쥐 발톱의 때만큼이라도 일하는 방법을 안다면, 전부 그때 배운 것이다. 지옥열차에 탑승해서 불의 계곡 아가리로 떨어지지 않기 위해 비명을 지르며 운전대를 이리 틀고 저리 틀면서 익힌 것들로 마흔 이후 회사생활을 버텨내고 있다.

그래도 다시 돌아간다면 바로 사표 쓰고 싶다. 에휴 (갑자기 맥주 따러 감)

0104 선을 그을 것

신년 결심으로 또 미술학원에 다니기로 했다. 작년에도 동네방네 자랑했는데 슬그머니 흐지부지됐다. 그때 다녔던 학원은 부끄러우니까 굳이 다른 학원 검색해서 찾아갔다.

선 긋기부터 시작한다. 점과 점을 잇기만 하면 되는데 이렇게 안 이어질 수가. "유려하게 획획 긋는 건 중요하지 않습니다. 목표 지점에 시선을 두고, 내가 잘 가고 있는지 확인하세요. 전체를 보면서 가세요."

다음으로는 '감당할 만큼의 네모 박스'를 그리고 가로, 세로, 사선의 선으로 박스 채우기. 따라 긋기만 하면 되는데 선이 점점 비뚤어진다. "먼저 완성된 모습을 상상하셔야 해요. 상상에 맞춰서 그리면 비뚤어지지 않습니다."

짧은 선들을 여러번 그어서 질감이나 명암을 표현하는 해칭 기법을 배웠다. 열심히 긋고 있는데 처음으로 칭찬을 듣는다. "해칭을 잘하시네요. 나중에 이렇게도 그릴 수 있어요."
선생님은 펜 선만으로 기막힌 표현을 해낸 작품을 보여주고, 내 마음은 이미 취미미술 초보가 아닌 이 시대 해칭 기법의 달인, 모던 해칭 드로잉의 창시자 김쥐돌 화백이 되어 있다. "오늘 선만 그어서 다소

지루하셨을 수 있겠지만," 선생님의 말에 "아니오! 하나도 안 지루하고 너무 재미있었어요." 들뜬 대답이 절로 나왔다.

중요한 건 시선을 멀리 두는 것, 상상하는 것. 그리고 어쨌든, 선을 긋는 것. 멈추지 않고, 멈췄다면 다시, 종이를 가득 채울 때까지. 그러니까 상상 속의 네모 박스가 현실이 될 때까지, 오직, 선을 그을 것.

0107 다시, 눈

　요즘 미술학원에 재미 붙여서 가는 날 아닌데 또 갔다. 뭐든지 금세 흐지부지시들해지는 인간이어서 물들어올때 노젓고 비와도 우산쓰고 가야된다. 직업 화가가 될 기세로 수십개의 육면체를 스케치하고 돌아오는 길, 보도블록의 사각형은 더이상 예전의 평범한 사각형이 아니다. 앞에서 본 선은 길고 뒤쪽 선은 짧지, 눈을 조금만 틀어도 귀퉁이의 각도가 달라지지, 나는 이제 그런 것들을 알지.

　비행기를 그리려고 하늘을 노려보고 있으면 전깃줄이 너무 많다는 걸 깨닫는다. 고양이를 그리려고 한참 관찰하면 몸피가 너무 유연해서 놀란다. 머리 위에 이렇게 많은 전깃줄을 이고 살았던가? 고양이가 이렇게 부드러운 동물이었나? 그림을 그리다 보면 세계가 다시 보이는 순간이 있다.

　입체를 그리는 건 어렵다. 머릿속으로는 짧은데 실제로는 그렇게까지 짧지 않으니 육면체가 찌그러진다.
　"눈앞의 모양이 생각 속의 모양과 다르니까 불안한 겁니다. 머릿속의 육면체를 봐서 그래요. 눈앞에 있는 실제를 그대로 보면, 그렇게 짧지 않거든요." 선생님이 연필로 선을 늘여준다.

보기도 전에 이미 알아버리는 고정관념에 갇혀버린 눈. 오직 눈앞에 있는 것만 보는 열띤 눈동자를 가져본 적이 언제였을까. 갑자기 펼쳐진 바다 앞에서 소리도 못 지르고 크게 뜨던 눈. 비행기 창문 밖으로 점멸하는 도시의 불빛을 담기 위해 쑥 내밀던 고개. 눈을 감아도 보여서 뜬눈으로 새우던 밤을 지나 비로소 탐닉했던 서로의 얼굴.

빗물이 흘러내리는 보도블록을 걸었다. 제각기 다른 사각형들이 빗물로 울렁인다. 알지 못했던 선들과 보지 못했던 입체로 가득 찬 세계를, 다시 눈으로, 천천히 음미했다.

0108 사랑하는 그대여

횅한 거실을 채워줄 식물을 샀다. 움베르타 휘카스, 고무나무의 일종이다. "이름을 지어주자. 식물아, 이름을 부를 테니 마음에 들면 잎을 흔들어줘. 해리 포터 알지? 윙가르디움 레비오사!" 잎은 꿈쩍도 하지 않았다. "이름이 마음에 들지 않는 거니, 윙가르디움 레비오사? 움베르타 휘카스라는 라틴어풍 학명에 딱 어울리는데." 식물은 말이 없다. "그냥 네 이름은 윙가르다움 레비오사야!" 그렇게 식물의 이름은 윙가르디움 레비오사가 됐다. 마음대로 할 거면 왜 물어본 건지.

윙가르디움 레비오사 옆에 곰이를 놓으니 흐뭇했다. 이름을 지어준 순간부터 식물 1과 인형 1이 아니라 나의 윙가르디움 레비오사, 나의 곰이다. 식물과 인형도 좋은데 강아지 고양이 아기는 얼마나 사랑스러우려나. 사랑의 크고 작음을 탐하기보다 사랑으로 가득한 세계를 열망하리라.

내가 초라하고 스스로가 싫을 때 곰이가 나에게 해주는 말을 떠올리곤 했다. '너는 괜찮은 사람이야, 내가 너를 얼마나 사랑한다고! 넌 잘할 수 있어. 어떤 경우에도 난 너를 사랑해. 너는 세상에서 내게 가장 중요한 존재야.' 그런 말을 떠올리면 마음이 괜찮아진다. 독거노인의 셀프토닥이 아니라, 곰이가 해주는 말이야.

0110 세계는 삼각형이다

 욕조가 있으면 매일 몸을 담글 줄 알았는데, 이사 오고 처음으로 썼다. 따끈한 물에 몸을 담그고 두꺼운 소설을 읽었다. 우아하군, 바로 이거야! 그런데 팔이 아프다. '욕조 양 끝에 걸치는 북 트레이 같은 게 있으면 좋겠다. 짙은 색 원목이면 어떨까. 책과 향초를 올려두면 멋있겠지.' 버릇처럼 검색을 하려 했지만 이곳은 욕조이므로 핸드폰이 없습니다. 다시 벌서듯 무거운 하드커버 양장본을 고쳐잡을밖에.

 <여름은 오래 그곳에 남아>라는 책이다. 책장을 넘기다가 정신이 번쩍 든다. 여름 별장에서 아침식사를 함께 준비해서 먹는 장면 때문이다. 어디선가 해시브라운 포테이토와 버터의 향기가 느껴질 듯 멋진 묘사지만, 같은 회사에서 근무하는 9명이 한집에 사는 일이 불현듯 현실로 다가온다. 회사 사람들과 삼시세끼를 차려먹으며 하루 종일 붙어앉아 일을 한다? 지금 해시브라운 포테이토와 잼과 버터가 문제가 아니잖아요. 백만 해시브라운 군단과 잼 버터 할아버지가 온대도 구원할 수 없는 무간지옥이 바로 이곳이 아닐까요. 갑자기 책에 몰입할 수 없다. 소설의 향기를 느끼기엔 나는 너무 찌들어버렸나 보다.

 그러고보니 어릴 때 노트에 소설(?)을 쓴 적이 있는데, 우주선에서 여러 명이 '합숙'하는 내용이었다. 거기서 파티도 하고 서로 사랑하

고 다독이며 항해한다. 확실히 어려서 내가 뭘 몰랐다. 그렇게 사이좋게 잘 될 리가 없습니다. 합숙 싫다. 제일 싫다요!

이사온 후 합숙이라면 합숙인데, 일단 나쁘지만은 않다. 가사는 분담되고 생활은 자유롭다. 방문을 닫으면 나만의 공간이고, 거실에서 뒹굴면 외롭지 않다. 난오와 나는 다년간의 갈등 끝에 비로소 노부부 같은 평화를 찾아가는 와중이었는데, 두부가 끼어들어 삼각형이 되었다. 그래서 더 좋아졌다. 세계는 삼각형이니까! 문 닫고 책상에 앉아 음악 들으며 그림도 그리고 일기도 쓰니 좋다. 문을 닫아도 되는 공간, 말하지 않아도 되는 시간, 함께이되 혼자인 날들.

—제목은 예전에 좋아했던 팬픽션 홈페이지 타이틀에서 빌려옴

0112 아빠와 나

"돌아가실지도 모릅니다." 아빠가 다쳤을 때 나는 이 말을 듣고 어떤 병원에서 어떤 처치를 할지 선택해야 했다. 그리고 3년 후, 아빠는 집을 둘러보며 "소파가 높은데"라고 못마땅해하고 있다. "아니 난 딱 좋다고." "커튼은 방염처리 된 거냐?" "아니 가정집에서 누가 방염커튼을 해." "불나면 위험한데." "아니 괜찮아." 대화는 대부분 이런 식으로 흘러간다.

혜화동까지 아빠를 모셔다드렸다. 말이 모셔다드리는 거지 운전을 못 하니 그냥 전철 같이 타고 가는 거다. 아빠는 사십 넘은 딸을 아직도 걱정한다. 장갑을 잊고 온 나에게 아빠의 걱정이 시작된다. "장갑 빌려줄까(싫다) 장갑 사줄까(싫다). 장갑을 끼지 않으면 추워서 주머니에 손을 넣게 되고, 손을 넣고 걷다가 넘어지면 얼굴을 다치니, 장갑을 꼭 껴야 한다(알았다)." 아빠는 등산을 가면서 멧돼지를 경계하고 찌개를 먹으면서 고혈압을 내다보는 사람이다. 내가 앞질러 걱정하는 사람으로 자란 건 우연이 아니다.

아빠와 몽골에 갔다. 말수가 적고 서로 간섭하지 않는 우리는 대체로 평화롭다. 손을 주머니에 넣고 다니면 코가 깨질까 염려하던 아빠는, 훨씬 위험한 말타기를 재미있어하며 몇 번이고 말을 탔다. 휴지

한 장 허투루 쓰지 않던 아빠는, 추가비용을 내서 일정을 늦추고 실컷 초원을 즐겼다. 나는 그 옆에서 아빠처럼 겁을 내며 "순한 말 주세요 무서워요"를 외치고, 아빠처럼 돈을 아까워하며 비용을 셈하고 있었다. 우리가 한 쌍의 알파카처럼 닮았다는 걸 그때 알았다.

신나게 말을 타던 아빠가, 언젠가 자전거에서 떨어져 크게 다쳤다. 수술을 하고 재활을 하는 아빠를 매일같이 찾아갔다. 대체로 핸드폰을 들여다보며 건성으로 부축하곤 했지만, 그마저도 지겨워지면 하는 수 없이 아무 말이나 떠들어댔다. 아빠는 내 말이 너무 웃긴다, 오늘 제일 크게 웃었다, 네 덕분에 처음으로 웃는다고 했다. 아빠가 허리가 꺾일 정도로 웃어댔던 이야기들이란 주로 내가 스스로의 어리석음으로 낭패를 보는 류의, 정말 별거 아닌 이야기들이었다. 나는 내 말을 그렇게 재미있게 듣는 사람을 아빠 말고는 본 적이 없다.

딱 한 번 병원에서 아빠와 크게 다툰 적이 있었다. 다퉜다기보다는 내가 몹시 몰아세웠다고 하는 편이 정확하겠다. 실컷 화를 내고 떠나려 하자 아빠가 10분만 더 있어달라고 했다. 아빠는 화내는 딸이라도 곁에 있기를 바랐던 것이다. 그 일을 생각하면 나는 아빠가 나중에 더욱 고독해졌을 때 나에게 10분만 더 있어달라고 하는 모습이 보이는 것 같아서 벌써부터 마음이 내려앉는다. "아빠, 미세먼지가 심하대. 마스크 꼭 써야 해." "답답해, 답답해서 못 쓰겠다." 마스크를 답답해하는 아빠를 보면 아빠가 아주아주 더 많이 늙은 어느 날, 아프고 답답한 일을 어쩔 수 없이 강요하게 될까봐 벌써부터 마음이 아리다. 이렇게 앞질러 걱정하는 건 물론 다 아빠 탓이다.

아빠처럼 나도 단 한 번도 쉬지 않고 줄기차게 일해왔다. 성실하지만 요령이 없고, 말주변이 없어 멀뚱하고, 지지리도 못하는 취미(아빠는 10년째 기타를 연습하지만 간단한 동요 하나 제대로 연주하지 못한다. 나의 그림 실력을 보는 것 같다)를 혼자 즐거워한다. 내가 그림을 계속 못 그리는 건, 저축만 하고 재테크의 재 자도 모르는 건, 회사 싫다고 입으로만 떠들면서 상사의 한마디에도 깜짝깜짝 놀라며 소심한 알파카처럼 열심히 다니는 건 다 아빠를 닮아서다. 아빠가 참 답답했는데, 아빠처럼 사는 것도 나쁘지 않다고, 성실한 건 부끄러운 게 아니라고 생각하는 중년이 됐다.

우리는 혜화역에서 헤어지고, 나는 손 시려 죽겠는데 주머니에서 손을 빼고 집까지 걷는다. 그럴 수밖에 없다. 정말 이 모든 건 다 아빠 탓이다.

0114 비명

점심 먹고 사무실 들어가다가 문득 비명을 질렀다. "오늘 화요일밖에 안 됐어요? 내가 미쳐, 아 절망이다, 너무 피곤해."

퇴근 후에는 꼼짝도 하지 않고 누워서 노예 같다느니 내 인생에 죄책감이 든다느니 난리를 치며 부정적인 말을 뿜어냈는데, 일기 쓰는 지금(수요일) 생각해보니 그냥 피곤해서 그런 것 같다. 역시 인간은 유물론적 존재다.

부정적인 말만 내뿜은 하루에서 건져올린 말들을 남긴다. 첫 번째로, 점심을 함께 먹은 새 아르바이트 직원의 말이다. 아르바이트를 많이 했었고 주로 판매직이었다. 제일 힘들었던 아르바이트를 물어보니까 패스트패션 매장에서 일했을 때라고 했다.

"할인행사할 때 7,8천원짜리 옷 100만원어치를 산 손님이 있었는데, 택을 하나하나 찍고 할인가로 하나하나 입력해야 돼요. 그런데 제가 중간에 하나를 잘못 찍어서 전부 다시 찍어야 하는 거예요. 죄송하다고 다시 찍어야 된다고 하니까 그분이 소리를 지르기 시작했어요. 그날 처음으로 울었어요."

저녁엔 친구의 메시지가 왔다.
'선배, 덕분에 아버지 잘 모시고 왔어요. 어제는 꿈에 다녀가셨어

요. 오래 못 걷던 분이었는데, 허허 웃으시면서 앞으로 앞으로 걸어가시더라구요.'

잠들기 전엔 시집을 펼쳤다. 허연의 <오십 미터>다. 첫 장에 '시인의 말'이 써 있다.

> 난 알고 있었던 것이다.
> 생은 그저 가끔씩 끔찍하고,
> 아주 자주 평범하다는 것을.

타인을 존중하려고 노력하면서 왜 나의 인생을 존중하려 하지 않는 걸까. 소리지르고 울고 죽어가는 생은 분명 끔찍하지만, 또한 아주 자주 평범할 텐데. 모든 것이 떠나도 나는 평생 나를 데리고 갈 텐데.

0117 93개의 동그라미

1월 1일에 종이에 동그라미를 93개 그렸다. 운동, 미술, 영어를 매일 해야겠다면서. 완수한 날은 동그라미에 색을 칠한다. 1월은 31일이니까 3개의 일을 31번 하면 93개의 검은 동그라미가 채워질 것이다. 물론 다 채우지 못하는 중이다. 1월 중반을 지난 지금, 동그라미는 매우 띄엄띄엄 채워지고 있다.

예전엔 말하자면 세계여행 같은 게 하고 싶었다. 이벤트를, 기념비를, 대단한 사건을 원했다. 지금은 '매일 하는 일'이 이정표가 되었다. 매일 하는 일이란 무엇인가. 10분이라도 좋으니 차곡차곡 쌓고 싶은 매일의 조각을 만드는 것이다. 10분이라도 좋으니 매일 운동한다, 매일 일기를 쓴다 같은 것. 10분은 짧지만, 10분씩 10년이라면? 10년의 기념비가 되는 한순간이 아니라, 10분씩 모아서 만든 기념비를 갖고 싶다.

10분 운동(방에 요가매트 펴고 토끼자세만 몇 번 해도 인정), 10분 미술(아직도 그놈의 육면체 연습중), 10분 영어(영어 동영상 아무거나 보면 됨) 하는 중인데, 이렇게 관대한 기준에도 불구하고 게을러서 그 10분이 어렵다. 어떨 때는 동그라미 그린 종이를 확 버리고 싶다. 버리는 것도 귀찮아서 놔두고 하루 지나면 다시 시작이다.

예전엔 내가 글을 잘 쓰는 줄 알았다. 이젠 그렇지 않다는 것쯤은 안다. 이걸 깨달았을 때 나는 슬펐다. 그렇지만 잘 쓴다고 우쭐했던 예전만큼이나 지금도 좋아지고 있다. 10분 운동, 10분 미술, 10분 영어 한다고 운동, 미술, 영어를 잘하게 되진 못하겠지만, 잘하는 건 이미 목표가 아니다. 93개의 동그라미를 채우는 시간, 매일 일기 한 줄을 채우는 시간, 잘하고 잘 아는 뻔한 세계에 갇히지 않는 시간. 나는 시간을 버틸 거다.

0118 흘러가는 것

신문을 볼 때 회사 일에 도움이 되는 정치경제국제 면은 휙휙 넘기고, 토요판과 특별판만 열심히 본다. 책이나 음식점 소개, 여행 코너 같은 것들.

어떤 말들은 오랫동안 뚫어져라 본다 : (한겨레신문 어제자 ESC 지면 '작은미미의 인도살이' 중에서, 석굴의 부조가 사람들의 손길과 높은 온습도에 무방비로 노출되어 뭉툭해진 것을 보고, 필자의 어머니가) "이렇게 그냥 흘러가는 것도 괜찮을지도 모르겠다. 훼손되면 훼손되는 대로. 후손들이 만지면 만지는 대로." 그런 말들.

신문을 보고 미술학원에 간다. 오늘은 원기둥을 그린다. 원기둥이 원기둥처럼 보이기만 하면 '제법이다'라며 흥분하고, 빵떡처럼 그려 놓고도 '개성있네' 등의 당치않은 생각을 한다. '나중에 진짜 화가가 되면', 그런 백일몽에도 잠긴다. 나는 대부분의 일에 기준이 높아서 쉽게 불행해지는 타입인데, 미술 실력에 대해서만은 관대하다. 아무래도 허니문 기간이라 그런 것 같다.

그러나마나 현실은 냉정하다. 주1회 취미반에 갓 등록한 사무직 회사원 쥐돌은 온 힘을 다해 사물을 바라보지만, 원에 신경쓰면 기둥이 뚱뚱해지고, 기둥이 괜찮으면 원이 찌그러진다. 비율이 안 맞춰진다.

"하나에 집중하면 다른 하나가 안 보이니까요. 하나를 보면서도 전체를 함께 보는 눈이 아직 없으니까요."

선생님 말처럼, 언젠가 하나를 보면서도 전체가 보이는 2배율 망원경을 갖게 될까. 이 손이 슥슥 나가서 완벽한 원기둥을 그리면 만족할까. 계속 그린다면 분명 지금보다는 잘 그리겠지만, 착각과 새로움 속에 더듬더듬 그려나가는 지금보다 더 행복할지는 모르겠다.

시간이 지나서 더 좋아지면, 더 익숙해지고 더 잘 되면, 그런 말을 믿지 않는다. 기본적으로 어느 시점까지는 성장하는 것, 그리고 끝내 무너지는 것, 대부분은 그렇게 될 뿐이다. 그렇다면 그림 따위 그리지 않는 게 제일 남는 일일지도 모르지만, 기본적으로 인생이란 훼손되는 과정에 불과할지도 모르지만. "그냥 흘러가는 것도 괜찮을지도 모르겠다. 훼손되면 훼손되는대로."

완성과 정점은 없을지도 모르지만, 그냥 흘러가는 것도 괜찮겠다.

0120 바닐라 캣

새벽부터 회사 가서 시간이 어떻게 지나갔는지 모르겠다. 연안식당에서 꽃게살 비빔밥 먹는데 간장게장 반찬을 3번이나 리필해서 혈중 염분농도 및 고혈압 가능성을 대폭 상승시키고, 커피빈에서 다디단 핫 바닐라를 꿀꺽꿀꺽 삼킴으로써 단당류 급속 섭취로 인한 만성피로 가중 및 성인병 유발 확률 높이기를 실천했다. 그러고도 회의시간엔 온통 설탕으로 이루어진 딸기 라떼를 쪽쪽 빨았다. 지친다 지쳐.

집에 와서 핸드폰에 코 박고 있다가 라면을 먹었다, 아니 마셨다. 김치와 우유와 치즈와 계란을 잔뜩 곁들여, 소식하는 사람이라면 두 끼 정도의 분량을 꿀꺽꿀꺽 마셨다. 그리고 운동 예약한 스스로를 원망하며 몸부림쳤다. 안 가면 1회분의 돈이 날아간다. 돈은 아깝다. 이 돈을 벌기 위해 난 오늘도 강아지처럼 일하고 돌아왔다. 마루 이쪽 끝에서 저쪽 끝까지 데굴데굴 굴러다니다가 어쩔 수 없이 패딩을 입는다. 93개의동그라미 매일일기쓰기 체력증진은 개뿔. 퇴근 후에 뭔가를 하는 건 정말 어렵다.

운동 가서 허둥버둥 동작을 따라 한다. 짐볼을 들었다 놨다, 다리를 접었다 뻗었다 하면서 50분이 얼른 가길 기다린다. 이렇게 괴로울 거면 운동을 왜 하는지. 회사도 싫고 운동도 싫고 추위도 싫고 쓰레기

버리기도 싫고 어떻게 하루 일과가 이렇게 싫은 일로만 이루어질 수 있단 말이냐 한탄을 하면서 집에 온다. 세수하고 쓰레기 버리고 변기 닦았더니 밤이 됐다. 이렇게 하루가 가는구나.

사실은 오늘 조금 특별한 일이 있었다. 누가 엘리베이터에 쪽지를 붙여 놨다.

'재활용장의 새끼냥이가 2주 전부터 보이지 않습니다. 많은 주민들이 걱정하고 있습니다. 만약 보호하고 계신다면 이 번호로 소식만이라도 전해주세요.'

아까 쓰레기 버리러 갈 때도 두엇의 사람들이 고양이 집을 들여다보며 걱정스럽게 얘기하고 있었다. 나도 요즘 고양이가 보이지 않아서 괜히 쓰레기장을 빙빙 돌다 오곤 했는데. 다른 사람들도 고양이를 걱정하고 있었구나. 갑자기 마음이 따뜻해졌다.

그리고 또 하나 더 있다. 회사에서 회의를 하는데 내가 쪽쪽 빨다 놔둔, 조금 남은 딸기 라떼를 다른 사람이 가져가더니 쪽쪽 빨아먹은 일이다. 갑자기 애잔하고 사랑스러웠다. 나는 내가 남긴 음식을 누군가가 먹는 모습을 보면, 사료 먹는 새끼냥이를 들여다볼 때처럼 마음이 몽글몽글해진다.

예전에 별로 안 친한 사람이 딱 한 번 애틋하게 느껴진 적도 내 음식을 덜어 먹었을 때였다. 내가 먹던 크림 페투치네를 보던 그가 "저한 입만 먹어도 돼요" 묻더니 덜어갔었다. 나는 맛있게 먹는 그가 처음으로 좋았다. 많이 많이 드세요, 하면서 접시를 밀었다.

오늘 핫 바닐라를 마실 때 웃었던 일에 대해 쓰고 싶은데. 페투치네를 먹던 동그란 머리통, 딸기라떼를 쪽쪽 빨 때의 애틋함, 새끼냥이를 걱정하는 마음, 아무것도 아닌 하루에 특별한 물결을 일으키며 지나가는 것들을 잡고 싶은데. 고작해야 잠자리에 누워 슬며시 웃거나, '오늘은 무엇무엇 했다' 라는 단순한 문장을 적을 뿐이다.

그렇지만 나는 늘 완벽한 것을 사랑하지 않았다. 남은 라떼라든지, 고양이를 걱정하는 쪽지라든지, 너무 작은, 서툰 것들만 마음에 남았다. 그러니까 이런 일기도 괜찮다. 두서없지만, 부족하지만, 서툴지만. 작고 서툴고 부족해서 좋은, 사랑하는 나의 날들.

0122 쇼난 비치에서

쇼난 비치 FM을 좋아해서 그림 연습할 때나 배경음악이 필요할 때 틀어둔다. 일단 '쇼난 비치 FM'이라는 이름이 마음에 든다. 알아들을 수 없는 일본어 멘트와 "We love beach, Jazz by the sea" 캐치프레이즈에 이어 음악이 나오면, 이국의 해변에서 재즈를 듣고 있는 것 같다. 발가락 사이로 들락이는 따끈한 모래와, 밀짚모자 구멍 사이로 비치는 주황빛 석양이 재현된다.

특히 "We love beach, Jazz by the sea"라고 말할 때가 좋다. 그러니까 우리가 사랑하는 것을 말할 때, 눈동자가 흥분으로 커지고, 말수가 적은 줄 알았는데 수다스러워지며, 무감한 표정에 미소가 번질 때를 사랑해서. 좋아하는 것을 좋아하는 게 세상에서 제일 좋아서. 좋아하는 것을 말할 때 우리는 반짝여서.

0123 삿된 것

마음이 어지러우면 잔뜩 먹어서 눌러버리곤 한다. 퇴근하자마자 횟집에서 광어회 떠와서 맥주와 먹고, 라면도 끓여 먹었다.

사람들이 나와 똑같이 생각할 수도 없고, 나랑 다른게 당연한데, 내가 뚜렷한 의견을 가진 이슈에 대해 다른 의견을 접하면 마음이 불편하다. 여기는 내가 있을 곳이 아닌 것 같다는 생각도 든다. 세상이 내 의견에 동조하는 사람만으로 구성된 곳이 아닌데. 다양한 사람이 각자의 생각을 갖고 살아가는데. 다름을 인정할 수 있는 마음의 여유가 있으면 좋겠다.

침대에 누워 루시드폴 노래 듣는다. 발전하는 것, 잘나가는 것, 이해받는 것 다 필요없고, 그냥 기름기 빼고 살면 그걸로 족하다.

삿된 걸로 둘러싸여 있지만 문장만은 삿되지 않고 싶었다. 그 정도의 욕심은 내겠다.

회사 너무 이상한데, 어디에도 천국은 없다. 실망하는 일을 견디는 것도 일이다. 그냥 한발짝씩 걷는 일만 생각하자.

0124 품위의 정점

 몇 년 만에 파마했다. 머리카락에 롤을 말고 랩을 씌운 채 파마 기계 아래에 앉아, 핸드폰을 줄기차게 만지거나 잡지를 샅샅이 읽는 것도 한두 시간이지, 결국 멍한 표정으로 쓸데없는 생각을 하고 있다.

 머릿속을 스쳐 지나가는 것 중 회사도 많은 지분을 차지한다. 회사 생각 좀 끊어내겠다는 핑계로 휴일에는 모든 알림을 끄고 회사 쪽으로는 발도 뻗지 않는데도 그렇다. 정확히 말하자면 업무 생각보다 사람 생각을 한다. 업무에 대한 것도 결국 사람에 대한 원망에 닿을 때가 많다.

 이를테면 뫄뫄 프로젝트로 솨솨 업무가 생겼을 때, 나는 절대 솨솨를 할 수 없다고 말했고 모두가 수긍했으며, 하지 않아도 된다는 확인을 여러번 받았다. 그러나 솨솨가 되어 있지 않으면 슬금슬금 나에게 문의가 오고, 나는 어느새 솨솨를 하고 있다. 그리고 마침내 솨솨가 안 돼 있으면 질책받기 시작한다—이러한 일을 불쑥불쑥 다시 떠올리며 분노하고 원망한다. 용서하지 않을 거야! 등등, 앞에선 입도 벙긋 못하면서 혼자 난리가 난다.

 인생이 내게 특별히 더 불친절하지 않고, 나는 특별히 더 불운하지 않음을 상기하려고 한다. 노력과 실력으로 '공정하게' 경주하는 줄 알았는데 운과 줄과 백이 더 중요하다는 것을 깨달으면 당연히 놀라고 실망하게 되지만, 내가 가진 많은 것들 역시 내 능력과 관계없이 내게 주어진 환경과 행운 덕분이라는 사실을 상기하려 한다. 가진 것은 당연하게 여기고 빼앗긴 것에만 소리지르는 사람은 되지 않겠다. 그건 불공정한 조직에서 내가 지키고 싶은 최소한의 품위다.

아무도 안 알아주지만, 원래 알아주지 않는 걸 전제로 하는 게 품위의 정점이니까.

0201 다람쥐 그릇

어서오세요 개인적으로 자주 혼자 카페에 가서 이런
고립된 자리에 앉는 걸 좋아합니다
그래서 이 자리에 고독하게 앉는 손님을 위해
특별 혜택을 만들어 봤습니다

라는 문구가 쓰여 있는 자리에 앉아 있다. 오후 4시 41분, 사위어 가는 햇빛
까지 썼는데 주문한 오야코동이 나왔다. 점심을 이제서야 먹는다.

델문도는 오랫동안 다닌 카페다. 눈썹 아래만 비추는 조명 밑에서 일기를 쓰거나 목소리를 낮추어 이야기한다.

토요일이어서 미술학원 다녀왔다. 오늘은 2개 이상의 겹쳐진 사물을 그렸다. 테이블과 접시와 케이크를 그리는데, 자꾸 찌그러져서 '어어음음아아'만 연발했다. 사실 요즘 매일 10분씩 하던 드로잉을 소홀히 했다. 재능도 없는데 노력도 안 하면 이렇게 됩니다.

어떤 사람이 되고 싶냐면 못하는 사람이 되고 싶다. 못하는게 괴롭거나 부끄럽지 않았으면 한다. 못해도 벙글벙글 웃으면서 배우면 좋

겠다. 못하면 기를 쓰고 잘해야 하는 시절을 지나 못하면 안 하는 나이가 되고 보니, 못해도 느긋이 배우는 상태가 참 좋고 귀하다. 연습 안 해도 탓하지 않고 실력 안 늘어도 실망하지 않고, 서툰 상태를 오래 유지하고 한발짝 뗄 때마다 박수를 치자. 잘하게 되면, 다음 못하는 것을 찾아 떠나자. 평생.

"천천히 그리면, 다 그릴 수 있어요."

케이크 그렸다가 접시 그렸다가, 마음만 앞서는 나에게 선생님이 말했다. 천천히 그리자, 천천히 쓰자, 천천히 배우자. 다 배우면 뭐다? 조기은퇴의 길뿐이다. 대단할 게 없다니까. 천천히 하자, 못하는 지금을 기뻐하자.

델문도 밤무스 맛있다. 다람쥐 모양의 그릇에 흑설탕 시럽이 딸려 나온다. 오늘 밤엔 이 다람쥐 그릇 그리는 연습 해야겠다.

0202 변주

김연수 작가 나오는 팟캐스트를 들으며 버스에서 졸고 있다가 갑자기 무릎을 쳤다. "40대는, 지겨워지는 시절 같은데요." 이보다 더 정확하게 40대를 표현하는 말이 있을까. 아무런 변화도 없다, 다 아는 맛이다. 이제 어떤 열차를 타도 '대충 천국열차 비슷하네' '지옥열차에서 해본 적 있어' 하고는 그만이다. 딱히 나쁜 건 아니다. 사실 나쁜 건 하나도 없다. 이것이 안정이고 행복일까. 행복을 강요당하는 기분이다.

주제는 정해져 있고 변주만 허락된다는 걸 알았다면 좀 달라졌을까. 무언가를 보고 좋다고 느끼는 게 대부분 이십대의 기억과 관련된다는 걸 알았을 때, 반가움과 함께 씁쓸함을 느낀다. 박제된 청춘의 순간에서 벗어나지 못하는 일. 시작도 하기 전에 지겨워지는 일. 고통이 절절하게 두려워지는 일. 제자리에서 맴을 도는 겁쟁이가 되는 일. 그게 나이를 먹는 일일까.

변주일 줄 알았다면 더 많이 보고 가고 느꼈으리라. 지금의 날들도 앞날의 주제가 되어 결국 노년의 변주가 될 것이다. 더 많은 날들을 더 많이 보고 가고 느끼기를. 고통조차 들여다보기를. 그것은 나의, 지금으로는 아마 상상도 할 수 없을, 혹독한 고독 속에서의 변주가 될 테니까.

0203 일반명사

아니요, 그런 것 말고요. 독서와 산책을 좋아하는 회사원이라는 그런 일반명사 말고요.

나는 말하자면 아무것도 없이 텅 빈 책상을 좋아해요. 그냥 제주를 걷는 것에 매혹되었습니다. 몽골 초원의 황량함을 좋아하고, 당신을 안고 창문을 열었을 때 들리는 빗소리를 언제까지고 기억합니다. 그러니까 그런 말들을 좋아해왔습니다. "가치있는 것들은 언제나 숨겨져 있습니다(요나스 벤딕센, 사진가)", "언제나 막막함을 앞에 두세요(이성복, 시인)"

존재 사이의 공백을, 만질 수도 없이 스쳐 지나가는 것들을.

그래요, 일반명사 말고요. 최대한 느리게 말해줘요. 당신이 좋아하는 것.

0204 찬란하고 황량한

그러니까 언젠가 미얀마에 간 첫날 아침에,

두 가지 바보 같은 일이 있었는데 하나는, 내가 7을 에잇eight이라고 생각해서 리셉션에서 버스 시간을 물어보다가 혼선을 빚은 일이다. 7시인데 왜 자꾸 8시라고 하는가, 우기다 깨달음이 찾아왔다. 아 맞다 7은 세븐이지! 세븐과 에잇을 착각했구나! 갑자기 "오, 오케이"라고 얼버무리며 꽁무니를 내렸다.

아침을 먹는다. 비빔국수 비슷한 음식이다. 통통한 스파게티 비슷한 국수에 소스(계란과 고추장과 케첩을 향신료에 희석한 맛)를 비볐다. 살짝 짭짤하고 매콤한 뒷맛, 맛있는지는 모르겠는데 어쨌든 바닥까지 먹어치웠다. 호불호가 갈릴 법한 향취의 국물도 맛있는지는 모르겠지만 꿀꺽꿀꺽 마셔버렸다.

후식으로 수박을 먹으며 테라스에서 양곤의 첫 아침을 바라본다. 사진을 찍다가 열없게 사진기를 내려놓을 만큼 빈한하고 퇴색된 거리. 버스시간도 못 챙기고 식사는 낯설고 도시는 볼품없지만, 낯선 하루가 주어졌다. 7을 에잇이라고 말하고 생전 처음 먹는 국수 맛을 보는 일, 이것이 전부다. 7을 7이라고 말하고 기대한 음식을 먹기 위해서라면 여행하지 않아도 된다.

오늘 회사에서 거의 양곤 첫날에 필적하는 수준으로 이상한 실수를 해서 여기저기서 타박을 들었다. 예전 같았으면 우울했을 텐데, 아무렇지도 않다. 나는 조금씩 더 괜찮아지고 있다. 7을 7이라고 말하지 않아도, 기대한 음식을 먹지 않아도.

그러니까 언젠가 회사에 다니고 있던 어느 날,
에 불과하니까, 이 모든 날들은.

미얀마를 향하는 비행기에서는 줄리언 반스의 책을 읽었다. 파이낸셜 타임즈의 책 소개 문구가 적혀 있다. '찬란하고 황량한'. 반스의 소설을 아무 생각 없이 집어온 나의 예지력에 감탄했다. 확실히, 황량하고 찬란한 소설이었고, 황량한 동시에 찬란한 나라였다. 어쩌면 나도 그럴 거라고 생각했다. 구원할 길 없이 황량한 인생 속에, 어쩌면 찬란한 시기를 지나고 있다.

0208 작은 빛

01

"쥐돌회원님, 지금 자세 좋아요." 필라테스 선생님의 칭찬에 '이거 나한테 한 말 맞아?' 운동 열등생은 의심부터 하고 본다. 문제의 자세는, 기구 위에 모로 누워 한쪽 다리만 90도로 구부려 드는 '강아지 소변보는 자세'다. 나는 강아지 소변보는 자세에 재능이 있나 봐! 우쭐함으로 붕붕 떠서 운동을 마쳤다.

02

카페에서 책을 읽었다. 좋아하는 곳인데 오늘은 좀 별로다. 손님이 나밖에 없는데 직원이 스피커폰으로 긴 전화를 한다. 손님이 있는데 전화를 대놓고 해도 되나, 생각한다. 직장에서는 직장인의 언행만 하는 게 좋다. 하긴 남의 말 할 것 없다. 나부터 그래야 할 일이다.

03

영화를 봤다. <작은 빛>이라는 영화다. 올해 독립영화의 발견이라는 둥 하도 상찬을 받길래 궁금해서 보러 갔는데, 너도나도 유튜브로 온갖 영상 찍는 시대에 '작은 영화'라는 게 아직 유효해? 정도의 마음이었는데, 놀랍게도 아직 있더라고요. 영화가 가질 수 있는 심장, 영화 안에 깃든 영혼, 그런 게 있더라고요. 영화만이 삶에 던질 수 있는 빛,

그 빛이 스크린에 잠시 지나가더라고요.

04

영화가 끝나고 GV가 있었다. 감독에게 앞으로의 계획을 묻자, "지금도 일하면서 찍고 있다. 꾸준히 부지런히 찍겠다. 지금도 단편을 찍고 있는데, 어떻게든 찍겠다"고 한다. (감독은 7년간 선반공으로 일하며 영화를 독학했고, 퇴직금을 털어 이 영화를 만들었다.)

강아지 소변보는 자세조차 다리를 90도로 정확히 구부려야 하고, 카페 직원은 통화를 자제해야 하며, 영화는 꾸준히 부지런히 찍어야 한다. "영화는 사실 빛을 만들어나가는 것"이라면(<작은 빛> 조민재 감독), "인생은 사실 태도를 만들어나가는 것"인지도 모른다.

0211 2월의 맛

일본 친구는 '코리안 푸드'가 먹고 싶다고 했다. 몇 가지 예시 중에서 그가 고른 건 '닭한마리'. 닭한마리를 마지막으로 먹은 지가 언제일까 헤아리며(10년 전?) '닭한마리 맛집'을 검색한다. 동대문닭한마리, 무슨할매닭한마리, 닭한마리원조집. 비슷비슷해 보이는 가게 중 한 곳을 선택했다.

지도 앱을 보며 더듬는 걸음, 후기 몇 줄 외에는 어떤 정보도 없는 상태, 성공적으로 '맛집 체험'을 달성하고 싶은 조바심, 드디어 주문을 마치고 맥주를 마실 때의 안도, 모든 게 여행 같았다. 2월의 시코쿠에서 온 친구는 얇은 옷을 걸쳤다. "한국은 춥다." "이것은 추운 게 아니다, 영상 기온이기 때문이다." 그런 말들을 나누다 보니 음식이 나왔다.

과연 괜찮을까, 이국의 찬바람을 맞아도 좋을 만큼. 신중하게 첫 술을 떴다. 조미료가 과한 것도 같고, 살코기에 밴 간이 덜한가 싶고. 신중하게 분석하며 고개를 들어보니 일본인은 감격한 얼굴로 닭국물을 들이켜고 있다. "이 수프는 특별해, 따뜻하고 맛있어." 낯선 몸을 단박에 녹이는 국물의 힘이렷다. 나는 안도하고 닭을 뜯기 시작했다.

예전엔 텔레비전이나 인터넷에서 맛있다 하면 일부러 찾아가기도 했지만 이젠 안 그런다. 늘 가는 식당에서 한 끼 때우면 그만, 널린 게 외식인데 먹자고 발품 팔지 않는다. 여행만 예외다. 이 식당 과연 괜찮을지 돌다리 두드리며 찾아간다. 우리의 여행은 대체로 짧고, 가능한 끼니의 수도 정해져 있으니까.

일본 친구가 온다고 해서 걱정했었다. 어디 가지. 맛없으면 안 되는데. "잘해주는 게 뭡니까?" "그 마음으로 대해. 잘해주는 게 뭘까 생각하는 마음으로." (드라마 <비밀의 숲>) 사실 걱정을 안 해도 된다. 맛집은 몰라도 어떻게 하면 맛있는 음식을 먹여줄 수 있을까, 하는 마음. 그 마음으로 대하면 되겠지.

특별한 순간을 만들어주고 싶은 마음, 입에 맞을지 살피는 마음, 그런 마음이 사랑이고 그런 순간이 행복 아니려나 싶고, 한 끼 한 끼가 소중한 시간이 말하자면 여행 아니려나 싶다. 오늘은 회사에서 조금 먼 곳까지 파스타를 먹으러 갔다. "좋아하실지 모르겠어요." 그렇게 말하는 사람과 걷는다. 이른 봄 같던 2월, 짧은 여행을 했다. 사랑 같기도 한, 여행 같기도 한 날들.

0212 실용주의자

상사가 진지하게 대화를 청해서 긴장했다. 뒤숭숭했는지 권고사직 당하는 꿈을 꿨다. 아침에 일어나서 만약 회사에 다닐 수 없게 되면 무엇을 하자, 어떤 직종을 구하자며 구체적으로 상상했다. 정작 들은 이야기는, 늘 그렇듯이, 아무것도 아니었다. (이러고저러고 칙칙폭폭 기차놀이 정치질 아이고 의미없다)

계속 회사원이었으니 회사 그만두면 어찌 사나 막막했는데, 꿈에서라도 사직 시그널 들어온 순간 열심히 노 저어서 다른 강기슭에 배 대려는 꼴을 보니 회사 그만둬도 꽤 잘 사는 거 아닌지 싶어서 용기를 얻었달까.

회사에서 명분, 사명, 큰 그림 별로 안 좋아하고 당장 닥치는 일만 막기, 실용노선, 현실주의 좋아한다. 근시안적 태도지만 내 한목숨 부지하기엔 유용하다. 여간해서는 화를 내지 않는다. 걱정된다 타령하고 화내느라 버릴 시간에 1분이라도 빨리 난관을 헤치고 정시에 집에 가야 한다. 볼펜이 부러지면 새 볼펜을 산다. 볼펜의 부러짐에 대해 깊이 고뇌하지 않는다. 고뇌할 시간에 볼펜 사고 집에 가자! 분노보다 강한 퇴근을 향한 불꽃이 피어오른다. 실용주의자가 회사에 다니는 법은 대충 이러하다.

0214 발과 귀

이사하면서 물건을 많이 버렸다. 오래 입은 옷을 비롯해서 사회생활 처음 할 때 쓴 수첩, 책이 되기 전의 원고, 읽지 않는 책도 몇 박스나 버렸다. 늘 놓고 바라보던 장식품 몇 개까지. 이제 전혀 들춰보지도 않는 것들이지만, 가끔은 그립다.

쓸데없는 것에 지쳐서 버리기를 좋아하게 되었을까. 예를 들면 오늘 회사 식당에서 '발렌타인 얼그레이 케이크'가 제공됐는데, 케이크마다 작은 종이 깃발이 꽂혀 있다. 케이크를 보자마자 깃발을 만들고 붙이고 꽂았을 직원의 노동이 연상됐다. 이걸 할 시간과 돈이 있다면 케이크를 조금 더 맛있게 만드는 데 쓰는 편이 낫겠다, 건조하게 생각했다.

쓸데없는 일들이 많이 일어난다. 그러니까 조직인가. 애초에 대부분의 회사란 쓸데없는 모래주머니를 달고 몸이 둔해진 상태로 일하는 곳일지도 모른다. 내 마음대로 되지 않아도 너무 집착하지 않는 것이 중요하다. 모래주머니를 차고 발을 재개 놀리는 일이 얼마나 힘들겠는가. 그렇게 할 수 있는 사람도 있지만, 나는 대체로 금방 힘이 빠져서 링에 뻗어버린다.

오늘은 두 편의 단편소설을 읽었다. 장류진 '나의 후쿠오카 가이드', 정세랑 '해피 쿠키 이어'. 이런 소설을 읽고 있으면 모래주머니를 차지 않은 맨발의 풋워크 같아서 마음이 가뿐해진다. 독자의 관심을 쥐었다 놨다 풀었다 조였다 하는 순간이 얼마나 짜릿한지, 어떻게 될까 조마조마한 마음으로 따라가는 재미가 얼마나 큰지. 책장을 덮었을 때 '아' 라는 감탄사와 함께 마음에 바람이 부는 순간이 얼마나 멋진지. 세계가 얼마나 크고 무한한지.

정작 시간 많을 때는 핸드폰 붙잡고 뒹굴면서, 쪼개 얻은 점심시간이나 출근길에는 꼭 책을 읽는다. 쓸데없는 것에 지쳐서, 쓸데없는 것에 사로잡히지 않도록, 말하자면 부적 같은 거다.

다시 누군가를 만난다 해도 귀만은 당신 것이라고 생각한다.
(정세랑 <해피 쿠키 이어> 중에서)

그러니까 순간만은 당신의 것. 영혼만은 당신의 것. 회사가 아닌 당신의 것.

0217 눈의 계절

점심때까지도 드문드문 눈발이 날렸다. 회사 정문의 유리 상판이 온통 눈으로 덮였다. 반짝이는 흰 눈을 이마에 이고 회전문을 빙글 돌아 나온다. 털 빠진 패딩과 더러운 운동화가 대수랴, 설국의 귀족이라도 된 듯이.

몇 해의 겨울마다 몇 번이나 눈이 내렸을 텐데 유리 천장에 내려앉은 눈을 눈여겨보는 건 처음이다. 눈뿐일까. 봄바람은 어떻게 이 문을 지날까. 푸른 유리에 비치는 여름 나무는 무슨 색일까. 우리는 어떤 얼굴로 이 계절을 통과할까. 회사를 오랫동안 다녔는데도 모르는 것들을 알아가고 있다.

0218 복숭아 에이드와 치즈 쿠키

퇴근 후 운동 가기 전에 일단 집에 들러서 심신을 이완(이라고 쓰고 누워서 핸드폰 본다고 읽는다)하는데, 오늘은 퇴근 후에 바로 운동 가려고 중고서점 안의 카페에 들렀다. 시간을 때운다는 핑계로 저녁 먹자마자 또 복숭아 에이드와 치즈 쿠키를 먹고 있구나.

'우리 회사'로만 구성된 공간에서 일했을 때도 온갖 마음고생과 수모를 겪었기 때문에 클라이언트 회사 한 귀퉁이에서 일한대도 특별히 힘들진 않다. 그래도 오늘 같은 날은 마음이 좀 쭈그러든다. 오늘 있었던 일은 쓰고 싶지 않다. 예전에 있었던 일기를 대신 복사 붙여넣기 한다.

휴게실에서 이야기하고 있는데 갑 한 명이 전화를 하며 들어왔다. 크게 의식하지 않고 대화를 계속하는데 그가 "쯧!" 하고 혀를 차며 매섭게 노려보았다. 우리는 한순간 얼어붙었다가 어쩔줄 몰라하며 자리로 돌아왔다. 여기는 업무공간이 아닌 휴게공간이니 업무상 전화를 해야 한다면 양해를 구하는 것이 맞는 순서가 아닐까. 우리가 갑이 아닌 을나부랭이, 프리랜서나부랭이, 알바나부랭이로 보였기 때문에 그는 우리에게 아이 다루듯 혀를 차며 눈을 부라릴 수 있었던 거겠지. 우리는 그에게 그래도 되는 사람이니까.

나는 엄청나게 바쁜 척하면서 누가 나한테 뭘 물어보면 모니터에 시선을 떼지 않고 답변을 하고, 마음에 안 드는 말을 들으면 얼굴을 굳히고 내 생각에 빠지고, 상대방이 곤란할 것을 뻔히 알면서도 몰아붙이기도 한다. 그가 나의 갑이었대도 그렇게 할 수 있을까. 그는 나에게 '그래도 되는 사람'이니까 그랬던 것 아닐까. 나도 누군가에게 "쯧!"이라고 말하는 사람은 아니었을까.

상냥한 사람은 아니지만, "쯧!"이라고 말하는 사람은 되지 않아야겠다.

예전에 이런 일기를 썼었고, 오늘 또 구겨진 마음을 펴려고 노력하며 중고서점 한구석을 서성인다. 새책방도 좋지만 헌책방도 좋다. '이거 예전에 인기있었지, 이 책은 반짝 빛을 보다 스러졌네, 이 책 참 괜찮았는데 묻혔다.' 흘러간 과거일까, 당도한 미래일까. 무작위로 꽂힌 책을 하나하나 들여다본다. 그러다가 내게 해주는 말 같은 문장을 무작위로 맞닥뜨린다.

나는 사람도, 한 번 망가져본 사람이 좋더군요. (중략) 그런 사람은 아픔이 뭔지 알기 때문에 대화의 폭이 넓고, 동시에 넘어진 자리에서 변화할 수도 있거든요.

(키키 키린 <키키 키린, 그녀가 남긴 120가지 말> 중에서)

회사에서 일하는 척하며 드라마 <스토브리그> 작가 인터뷰 찾아 봤다. 긴 무명시절을 통과한 사람의 말이 유독 크게 다가오는 건 아마 저 문장 같은 이유겠다. 시간의 더께를 쓴 책들에 마음이 가는 것도, 넘어지고 아파하며 시간을 견뎌본 사람의 말에 귀기울이게 되는 것도.

시간을 지나는 중이다.

0219 상추를 먹는 중

출근하자마자 '하기 싫으면 관둬라'라는 현실에 맞닥뜨린 뒤(이렇게 말을 듣진 않았지만 유사도 99%) '회사가 마음대로 한다면 나도 마음대로 하겠다. 오늘은 일할 기분이 아니어서 휴가 내겠다'고 던지고 (이렇게 말을 하진 않았지만 유사도 98%) 바로 일어나 택시 타고 집에 왔다. 자리에 외투랑 가방 다 놔두고, 노예에게 허용되는 약간의 곤조를 부려봤다. 내일부터는 다시 노예의 삶으로 복귀하겠지만.

집에 가서 어우 짜증난다 어우 하기싫다 난리치다가 처량하게 있기 싫어서 영화나 보자며 나왔다. 스타벅스에서 자몽허니블랙티 사들고 평일 한낮의 거리를 걸어 동네 영화관으로. 아무거나 시간대가 맞는 영화로 <작은 아씨들> 봤는데 아니 세상에 이렇게 재미있을 수가. 실컷 울면서 봤다. 울 내용 아닌데.

그러니까 나는

이후로 쓰다가 지웠다. 심각하지 않게 살기로, 그냥 내 일 하기로. 할 수 있다고 생각하니까 하라고 한 거겠죠. 못하면 못하는 만큼 하면 되고. 못할까봐, 좌절할까봐, 웃겨질까봐 걱정하는 건 일단 해본 뒤에 하는 걸로. 상추 뜯어먹는 달팽이처럼, 완전히 천천히 하는 걸로.

0223 연어기억추적기

평소에 스트레칭 10분만 채우면 얼른 '운동' 동그라미(1월 17일 일기 참조)를 칠해버리는데, 오늘은 아침에 일어나자마자 '베이직 플렉서빌리티 요가' 24분을 충실히 소화했다. 건강하고 보람찬 이 느낌! 여세를 몰아 건강한 아침 먹기! 휴일의 일용할 만찬(너구리 또는 짜파게티) 대신 풀떼기에 연어를 곁들였다. 드레싱 대신 초고추장을 찍어 먹었다.

연어를 좋아한다. 특히 얇게 슬라이스하여 짭짤하게 간한 훈제연어. 내 블로그에서 '연어'로 검색해보니 다양한 연어 사진이 나온다. 핀란드에서, 제주에서, 하와이에서.

핀란드 고추장 연어

빵을 좋아하지 않아서 요거트와 스파게티만 먹다가 훈제연어를 샀다. 비행기에서 받은 튜브 고추장과 연어를 들고 숙소 밖으로 나왔다. 왜냐하면 나는 호텔이 아닌 3인이 함께 쓰는 기숙사 개조 호스텔에 묵었기 때문이다. 방에서 냄새나면 안 되니까.

숙소 앞 벤치에서 훈제연어에 고추장을 발라 먹고 울뻔했다(너무 맛있어서). 손가락만한 튜브 고추장을 아껴아껴 발라먹었다. 혼자 기쁨의 댄스를 추며 먹고 있으니 사람들이 흘끔거리며 지나갔다. 잠옷에 잠바 하나 걸친 채 벤치에 웅숭그리고 앉아 훈제연어 팩째로 뜯어먹으며 달달 떨고 있는 사람 그게 바로 나예요. 핀란드의 아침은 여름이라도 추웠고, 고추장 바른 연어는 추워도 맛있었다.

제주도 살몬 베네딕트

허허벌판 대정읍이 영어마을로 상전벽해 변신을 했다는 말을 듣고 찾아가보기로 했다. 늘 그렇듯이 차가 없으므로 걸어갔다. 9월이었는데 더웠다. 땡볕에 2시간을 헤매어 꼬질꼬질 땀을 흘리고 탈진한 상태로 가게에 도착했다. 가게에 전화해서 점심을 예약해뒀지만, 예약시간은 한참 넘겼다. 가게엔 사람이 꽉 차 있었는데 놀랍게도 내 자리가 비워져 있었다. "안 오시나 못 찾으시나 걱정했어요. 많이 더우시죠." 주인의 상냥한 말에 감동. 땀을 닦으며 '살몬 베네딕트'를 주문. 맛있었다.

가게 이름은 생각나지 않는다. 다시 가보면 알 것 같은데, 찾아가면 지금도 있을까.

하와이 연어포케

하와이에 갔을 때 매일 연어포케 참치포케 빅웨이브 맥주 사들고 들어왔다. 관광은 귀찮고 바다도 힘들어서 주로 방구석에 앉아서 핸드폰 보면서 포케랑 맥주 먹고 취해서 잠드는 일을 매일 반복했다. 초라하고 재미없었다. 그런데 가고 싶은 여행지라면 역시 혼자 하와이. 세상에서 가장 재미없는 여행을 또 하고 싶다.

어쩌면 나는 근본적으로 심심한 상태를 추구하는지도 모르겠다. 휴식조차 목적이 되어버리는 회사원의 날들에서 벗어나는 것.

서진 작가의 하와이 체류기 <파라다이스의 가격>을 보면, 하와이에서 가장 좋은 것은 모두 공짜라고 한다. 예를 들면 가벼운 보드 하나 띄워놓고 바다에 몸을 맡기는 것, 바삭거리는 바람과 선물 같은 하늘을 즐기는 것.

좀 다른 결이지만, 인생에서 가장 좋은 것도 사실은 공짜에 가깝지 않나 싶다. 핀란드에서 찍어먹던 고추장 튜브, 가을볕 아래 끝없이 걷던 일, 혼자 쓰고 혼자 웃는 것, 그리고.

0227 봄의 모모

오목공원 3바퀴 돌며 동료와 이야기했다. 회사와 사람들과 가족에 관한 생각을 털어놓길래 듣고 있었다.

퇴근해서 저녁 먹고 일기 쓰려고 앉아서 음악 앱을 켰는데 공일오비의 새 앨범이 나왔다. 웬 공일오비란 말이냐! 앨범을 들으니 만감이 교차하고 20년 전이 되살아나는 듯하다. 공일오비 노래에 얽힌 대학시절의 추억이 있는데 너무 한심해서 일기로도 쓸 수 없다. 70살쯤 되면 말할 수 있을까. 물론 말을 하지 않아도 된다. 다 털어놓지 않아도 다 털어놓은 것 같은 사람이면 좋겠다. 나도 남에게, 남도 나에게.

70살에 이루고 싶은 목표를 정했는데, 나는 70살에 '다른 사람이 내 앞에서 말을 마음껏 해도 되는 사람'이 되고 싶다. 굉장히 어려운 목표다. 섣불리 판단해도 안 되고, 설령 내 생각과 다르더라도 편견을 가져선 안 된다. 말을 옮겨도 안 된다. 가능할까. 모모는 어떻게 했더라. 미하엘 엔데의 책을 다시 봐야겠다. 이런 사람이 되고 싶은 이유는, 역시 나도 남에게 실컷 말하고 싶어서다. 의심과 경계를 풀고 이런저런 말을 다 풀어놓을 수 있는 친구, 열린 마음과 밝은 눈, 단단한 믿음을 갖고 싶어서다.

하늘이 감탄할 만큼 예뻤고 바람엔 훈기가 섞였다. 코로나만 아니면 온통 봄 같았는데. 대기오염 없던 시절에 이런 아름다운 날을 온몸으로 느꼈다면. 그땐 땅만 쳐다보며 다녔다. 지나간 날을 안타까워하기보다는 지금부터라도 마음껏 누리자. 누군가의 이야기를 가만히 듣고, 공기에 묻어오는 초봄을 느끼고.

0228 가치의 기준

"6시에 퇴근하냐" 해서 그렇다고 했더니, 상사가 "쥐돌씨 종종 야근도 합니다"라고 거들어준다. 음? 야근 안 하는데? 초과근무가 열정과 충성의 척도가 되는 시대에 머물고 있구나. 나를 좋게 이야기해주려는 마음인 건 알겠다.

어떤 상사는 오후 6시부터가 진짜 일의 시작이라고 했다. "9시부터 6시까지는 주어진 업무를 하면 지나가니까. 도태되지 않으려면 6시부터는 자기발전을 해야 돼. 성공하느냐 도태되느냐는 6시부터의 시간에 달렸지."

그는 진지했지만 나는 의아할 뿐이었다. 6시까지 돈을 벌고 6시 이후에 자기발전을 한다면, 돈을 벌지 않아도 되고 발전하지 않아도 되는 시간은 언제 낸단 말인가? 퇴근 이후의 삶을 몽땅 바치지 않으면 도태되는 사회라니. 애초에 대다수의 인간은 그렇게까지 열심일 수 없으니, 그런 걸 강요하는 사회는 결국 도태될 것이다. 도태될 시스템에 한 번뿐인 삶을 반납하다니, 원하는 사람이야 상관없지만 나는 싫다. 그래서 여전히 6시부터 자기발전을 하지 않았다.

그렇게 6시부터 자기발전을 위해 야근을 하던 상사와는 달리, 나는 취미생활과 사교활동을 화려하게 하였다면 좋겠지만, 집에 가자마자 핸드폰의 노예가 되어 배터리 1%가 될 때까지 이불에 파묻혀 있다.

쓸모 없는 일이라는 생각이 들 때마다 아니야, 한다. 사회에서 정한 쓸모를 내면화하지 마. 인생을 잘 사는 길은 6시 넘겨서 일하는 길 말고도 여러 갈래야. 사회가 하나의 길만 가리킨다고, 그 길에서 벗어날까봐 초조해하지 마. 가치의 기준을 남에게 맡기지 마.

0229 펜타그래프 키보드

어떤 사람에게는 나의 힘겨움이 그토록 바라는 일상이다. 직장을 가진 것, 안정된 고용 상태인 것. 나도 물론 다른 이를 부러워한다. 아무 생각 없이 늘어놓는 고민이 다른 누군가에게는 더없는 소망이 된다.

'그런 걸 불평하다니 배가 부르다, 다른 사람들은 너를 얼마나 부러워하는데' 같은 말은 위험하다. 남의 인생을 내게 빗대기 시작하면 내 인생도 '더 나은' 인생보다 아래로 떨어지는 걸 용인하게 된다.

다들 자기 몫의 힘겨움을 짊어지고 살고, 이 힘든 일이 지나가면 다음 힘든 일이 온다. 힘겨움을 다투는 일처럼 비참한 게 있을까. 함부로 평가하거나 평가받지 않으며 투정을 삼가려 한다. 대단한 사람이라 삼가는 게 아니라 나의 인생을 존중하기 위해 삼간다.

부정적인 감정이 나를 짓누를 때마다 일기 쓰듯 풀고 싶다. 나는 지금 이런 상태인데 왜 이렇게 되었는가 하면, 으로 시작되는 글. 어깨에 힘 들어가지 않은 글. 발전이 아니라 발견을 위한 글.

펜타그래프 키보드를 쓴다. 손에 착 붙는 가볍고 조용한 감촉. 이 키보드에 손을 얹으면 무엇이든 쓸 수 있을 것만 같다. 가볍게, 조용하게, 아무렇지 않게.

0301 사라지지 않아

낮에 동네 CGV에 다녀왔는데 나 말고 두 명밖에 없었다. 영화관이라는 공간이 천천히 몰락하는 모습을 목도하는 듯했다. 코로나 탓이 크긴 하지만, 영화관을 찾을 이유가 줄어드는 건 사실이다. 엄청난 수의 영상을 원하는대로 쾌적하게 볼 수 있는데, 굳이 시간과 발품과 돈을 들여 영화관에 가야 할 필요가 있겠는가. 불이 꺼지면 핸드폰도 볼 수 없고 화장실도 갈 수 없고 옆사람도 앞사람도 신경쓰이는데.

외국에 가면 책을 산다. 일본어, 러시아어, 핀란드어로 쓰인 책. 그림책이나 다름없지만, 과연 다시 들춰보게 될지 기약할 수 없지만, 그래도 산다. 그래도, 그렇지만, 그럼에도 불구하고. 인과관계를 거슬러서야 비로소 마음을 확인하는 미숙한 연인처럼, 모든 당위에 엑스표를 그으며 나는 일종의 고백을 하고 있었던 셈이다.

핸드폰을 볼 수 없는 어둠을 기꺼이 강제당하는 일, 이국의 언어로 쓰인 읽지 못할 책을 사는 일은 '그럼에도 불구하고' 좋아한다는 고백처럼 느껴진다. 사람들이 진짜로 좋아하는 일은 '그럼에도 불구하고' 계속될 것 같아서. 좋아하는 일은 원래 그런 것이어서. 일부러 불편을 선택하는 일, 엉킨 마음을 어떻게든 문장으로 옮기는 일, 매끄럽지 않아도 서툴러서 좋은 일은, 그럼에도 불구하고, 사라지지 않아서.

0302 삼월의 질문

놔버릴 부분은 놔버리기.
멀리 보지 않고, 내가 지금 해나가는 것에만 집중하기.

당신에게 무거운 돌처럼 괴로운 일이 있어도, 아무에게도 말할 수 없고 이해받을 수 없고 탈출구도 없어서, 심지어 아무렇지도 않게 웃어야만 해서 어쩔 때는 마음이 둘로 쪼개지는 것처럼 괴로울지라도. 돌아보지 않고, 앞만 보며 나가도 괜찮아요.

어떤 것을 완전하게 움켜쥐려 하면 손상이 되는 시기가 있지 않을까요.

그렇다면 당장 모든 것을 해결하지 않아도 괜찮아요.

진중하고, 함부로 깎아내리지도 함부로 상찬하지도 않고, 단호하고 조용한 질문을 할 수 있는 당신.

오늘도 수고했어요.

0303 몰랐던 일들

자기 전에 그림 연습을 10분 한다. 며칠 빼먹다가 간신히 한다. 이래서야 언제 화가가 될 수 있을지. 1만시간의 법칙에 따르면 60만분, 하루에 10분씩 하면 6만일(164년)이 걸린다. 요즘은 164년이라고 해도 별로 대단하게 느껴지지 않는다. 켄 리우와 테드 창의 책을 읽고 있기 때문이다. 164년쯤은 아무것도 아니게 느껴지는, 시공간이 다른 소설이다.

이럴 줄 몰랐던 것들이 많다. 16년째 회사 다니고 있을 줄도 몰랐고, 드라마 안 보던 내가 <비밀의 숲>에 빠질 줄도 몰랐고, 미술학원에 다닐 줄도 몰랐고, 손대지 않던 SF 소설에 푹 빠질 줄도 몰랐다.

오늘은 세 원숭이 드로잉 연습했다. 눈을 가린 원숭이, 귀를 가린 원숭이, 입을 가린 원숭이. 사악한 것은 보지도, 듣지도, 말하지도 말라는 뜻. 어설프게 그린 세 원숭이를 노란색, 갈색, 올리브색으로 칠한다.

원숭이만 바라보고, 배경음악만 듣고, 할 말을 궁리하지 않는 시간. 이런 시간이 인생에 있을 줄은 몰랐다. 너무 작은, 아무것도 아닌, 화가도 될 수 없는 시간을 이렇게까지 좋아하게 되리라는 것도 물론 몰랐다.

다시 봄

나의 모든 것을 긍정하는 시간이 이렇게 좋은 거였다.
생긴대로, 나의 모든 것을 좋아하며, 살아 있는 시간을 누리며.

0307 공기 속으로

회사 밖에 나오면 회사 생각을 안 하려고 하는데 잘 안 된다. 어제도 그랬다. 친구한테 "나 또 실수함"이라고 문자를 보내니까 친구가 "무슨? 일단 괜찮아."라고 말해줬다. (1차 감동) 그리고 한참 얘기하고 내가 "해결했으니 됐어."라고 하니까 "응. 말하고 나면 공기에 섞여서 사라져 버림."이라고 답해줬다. (2차 감동)

안심할 수 있는 상대에게 편안한 마음으로 하고 싶은 말을 몽땅 할 수 있는 곳. 그런 장소가 있는 사람은 힘든 일도 털어내며 앞으로 나갈 수 있는 것 같다.

작은 폭풍이 지나가고 메모를 했다. '사람이 거만하면 안 되는 것 같다. 뭐 하라고 하면 무조건 못한다고 하고 짜증내는 사람을 보며 배운다. 나이 들수록 하나라도 더 배우려고 노력하는 노인이 되어야겠다. 귀를 닫고 윽박지르는 걸 보면 나도 저러지 않나 스스로를 경계하게 된다.' 월급도 주고 인생의 교훈도 주는 좋은 회사다.

토요일에 미술학원 가는 일 너무 행복하다. 모처럼 붐비는 동네에도 가고 그림도 그리고 신난다. 회사 5일간 가는 일 지겨운데.

"선생님은 그리기 싫을 때 없으세요?"

"있죠."

"그럴 때 어떻게 하세요?"

"저는 그냥 붙잡고 있는 것 같아요."

"아, 과연. 프로와 아마추어의 차이인 것 같아요, 끝까지 하는 거."

"안 할 때도 있어요. 때려쳐!(웃음) 그런데 그건 있어요. 지금 이거 안 하면 끝까지 안 할 거다, 그건 알아요."

미술학원에서 그런 대화를 들으면서 여름귤 이파리에 색칠한다. 힘든 일 지겨운 일 무거운 일 일단 붙잡고 있다. 끝까지 한다. 힘든 일도 지겨운 일도 무거운 일도 다 공기에 섞여 사라져 버릴 때까지.

0308 또 하와이 데이즈

선물을 사러 백화점에 갔다가, 예전에 '어울리는 색'으로 추천받은 아이섀도를 구경만 하려고 들어갔는데, 나오는 내 손에는 추천받은 섀도와 반짝이는 섀도와 아이라이너가 들려 있었다. 화장을 잘하고 싶은데 손재주가 없어도 너무 없다. 칼질, 가위질도 잘 못한다. 화장을 거의 안 하다시피 하는데, 안 하는 게 아니라 못 하는 거다.

예전에 회사 친구가 눈썹 그리는 법 알려주기 전까지 눈썹도 못 그렸다. 그가 거울 앞에 서서 그려주고, 아이브로우도 골라줬다. 지금 생각해보면 좀 웃기다. 30대 중반의 여자들이 올리브영 색조 코너에 마주보고 서서 눈썹을 그려주는 광경.

하와이 여행을 때때로 떠올린다. 멋지고 신나게 놀고 싶었는데 혼자서 해변에서 소지품을 보관할 데가 없었다. 백사장에 방치한 가방 주시하느라 마음도 불편하고, 핸드폰과 지갑을 넣은 방수팩을 안 젖게 하려고 손을 번쩍 들고 있었다, 마치 벌서는 사람처럼. '즐거워야 한다'는 압박감에 휩싸여 썰렁한 바닷물에서 왔다갔다 하는데, 혼자 하와이 바다를 즐기는 척했지만 팔은 떨어져 나갈 듯하고 발가락의 감각이 없어지고 여행인가 고행인가. 지금 생각해도 웃어야 할지 울어야 할지 모를 처량한 광경이다.

값싼 숙소는 너무 더럽고 시끄럽고 총체적 난국이었다. 다들 아울렛에서 쇼핑을 한다던데 가는 길도 잘 모르겠고 한국에서도 쇼핑 못 하는데 미국 가서 잘 할 수 있을 리가 없잖아. 결국 싸다는 이유만으로 쓸데없는 것을 사고, 맥주와 참치포케를 사와서 방에 틀어박혀 핸드폰 보면서 먹었다. 지금 쓰다보니 이렇게 한심한 여행이 또 있을까 싶다.

하와이 여행 어땠어요, 너무 좋았지요, 물음에 별로였다고 우물거려도 다들 겸양이나 능청쯤으로 생각하는 눈치다. 해양 스포츠도 할 거 많고 바다도 아름답고 너무 좋잖아! 아니 저도 그럴 줄 알았다고요 그런데 바다는 너무 춥고 숙소는 너무 더럽고 비 오는 날 빨랫감 끌어안고 차이나타운 걷다가 쌀국수 먹고 다시 비 맞으면서 마른빨래 젖을까봐 필사적으로 끌어안은 채 울상이 돼서 걸었을 뿐이지만.

여행 중에서도 한심함 최고봉이었던 하와이가 자꾸 생각나는 이유를 모르겠다. 쑥스럽고 어이없었던 일도 지나고 돌아보면 좋아지는 이유도.

처음 화장했을 때의 어색함을, 자신만만함 뒤의 부끄러움을, 불완전한 날들을 좋아하는 사람이 되는 일이라면, 나이 드는 일도 괜찮은 것 같다.

0309 어색한 사이

회사에서 곤란한 것 중 하나가 휴가 사유다. '연차 사유' 칸에는 항상 '연차'라고만 적는다. 주어진 연차를 중차대한 일로 쓰든 기분내키는대로 쓰든 무슨 상관인가 싶어서, 한번도 '여행' '이사' '병원' 등의 사유다운 사유를 적은 적이 없다.

휴가 알림 메일에 "무슨무슨 일 때문에 휴가를 사용합니다"라는 말을 적지 않는다. 개인의 생활을 알리지 않는 것은 개인의 권리. 물론 다른 사람의 사생활을 아는 것도 원하지 않는다. 예를 들면 "어차피 결혼할 건데 왜 그렇게 숨겼대" 같은 말을 하지 않는다. 누구도 당신에게 사생활을 말할 의무가 없다.

회사에서는 사적으로 조금 멀어지는 것도 좋다. 아무리 사랑해도 24시간 붙어있다고 더 행복한 건 아니잖은가. 거리가 있어서 지속할 수 있는 관계가 있다. 물론 대부분의 뾰족한 생각은 나의 데면데면하고 모난 성격 탓이다. 그래도 기꺼이 어색함을 택하겠다.

0310 조용한 사람

회의가 싫다. 말을 많이 하기 때문이다. 내가 많이 하든지, 남이 많이 하든지, 아무튼 쉴새없이 말을 하기 때문이다. 말이 많은 게 싫어서 최대한 회의를 덜 하는 팀을 골랐었다. 그래도 오늘 같은 날은 말에 둘러싸여 산 것 같다. 말만, 말만, 말만, 하고, 들었다. 몸이 말로 꽉 차 있는 것 같다.

집에 와서 그릇을 씻고 바닥을 닦았다. 아무 말도 하지 않아도 되는 순간은 인간에게 얼마나 값진 것인지. 문을 닫고 얇은 소설을 펼친다. 장 지오노가 1953년에 쓴 <나무를 심은 사람>. 말 그대로 나무 심는 이야기다. 그러다가 죽는 이야기다. 오늘은 이런 사람을 곁에 두고 싶다.

'그 사람은 말이 거의 없었는데, 그것은 고독하게 살아가는 사람들의 특징이었다.'
'그의 개 또한 주인처럼 조용했으며, 살살대지 않으면서도 상냥하게 굴었다.'

조용한 사람, 고독한 사람, 그러나 끝내 나무를 심은 사람.

0314 한 뼘

<스토브리그> 배우 인터뷰 찾아보다가. 이제는 스타가 된 배우가 신인일 때 매우 폭력적인 환경에서 연기를 했다. "연기를 못해서 감독들에게 쌍욕을 먹었다" "욕받이였다", 언어폭력이 일상이었던 현장을 짐작한다.

상사가 동료에게 소리를 질렀다. 내 잘못으로 비롯된 일이어서 처음엔 자책했다. 그런데 실수를 하면 함부로 굴어도 되나? 만만한 상대에게 분노를 쏟아내도 되나? 애초에 한 인간이 다른 인간에게 행하는 강압이 정당화될 수 있나? 각자 동등한 성인으로 자신의 일을 하고 있는 것 아닌가?

지금까지 회사에서 다양한 형태의 폭력을 경험해왔다. 시간이 흘러도 폭력은 사라지지 않았다. 회사뿐일까. 인간에 대한 존중이 결여된, '그래도 되니까' 행해지는 유무언의 폭력. 모두가 다양한 형태의 폭력으로 상처를 받거나, 맞서 싸우거나, 그러다가 부러지거나 봉합되거나 한다. 지금까지 상처만 받아온 사람이었지만, 오늘 일은 피하지 않고 문제제기 할 생각이다. 내 손에 피 묻히지 않는 게 지상과제인 무사안일주의 회사원이지만, 스스로 중요하게 생각하는 가치관을 지키려는 노력을 하지 않으면 더 상처받는다는 걸 이제는 안다.

미술학원 가서 조용히 과슈 물감 칠하며 띄엄띄엄 대화하는 게 요즘 제일 좋다. 오늘은 넷플릭스 드라마가 화제였다. 나만 넷플릭스 없어서 멀뚱멀뚱 있었지만 그래도 좋다. 학원 마친 뒤 읽고 싶은 책을 사서 버스를 탔다. 3월치고 꽤 쌀쌀한 날이었지만 양화대교에 부서지는 석양은 따뜻했다.

오후 5시 55분에 버스 안쪽 좌석까지 해가 들어오는 이유를 알아. 날은 춥고 모두 마스크를 쓰고 있지만 봄이 올 것을 믿어. 계절이 한 뼘씩 다가오는 기척을 느껴. 우리가 한 뼘씩 크는 소리를 들어. 황폐한 얼굴에 한 뼘씩 번지는 미소를 기다려.

0316 상한선

일을 못한다는 자괴감이 주기적으로 찾아온다. 어찌어찌 아닌척 하고는 있지만, 나의 부족함은 내가 가장 잘 안다. 남이 내 무능력을 알까봐(아는것 같음) 두렵다. 친구가 위로한다—네가 피곤해서 그래.

쉬고 나서 생각해보면 엄살 같다. 노력도 안 하고 능력도 안 되는데 눈은 하늘 꼭대기에 붙었으니 욕심만 커진 거지. 노력 안 할거고(응 안 할거야 귀찮아서 못 해 그리고 43살에 노력 더 하면 수명만 단축돼), 능력도 안 될거라면(응 안 돼 노력도 능력이야), 스스로를 굳이 괴롭히는 것이야말로 엄살이고 욕심이 아닌가.

그냥 버티고 있다. 요즘은 존재하는 것만으로 의미있다는 생각을 한다. 일뿐 아니라 사는 게 버티는 거 아닐까. 버틴 걸로 이미 이루게 되는 일들이 있다. 지속하는 것은 때로 그 자체로 무언가를 이루는 것이다.

버티기 위해 제일 중요한 건 역시 몸이다. 잘 먹고 잘 자며 하루하루를 버티는 것도 노력이다. 내 욕심은 여기까지, 더 잘하고 싶은 욕심은 더 능력있는 자의 몫으로 돌리고, 버티는 욕심까지만 내는 중이다. 욕심의 상한선을 긋고 뒤돌아보지 않는 중이다.

0319 서로가 서로에게

싫은 생각을 하는 대신 그림을 그리거나 운동을 하자. 그래서 운동을 갔는데 선생님이 탈의실에 앉아 있다. "오랜만에 오셨네요" 하길래 딱히 할말이 없어서 "사람 없죠" 조심스럽게 말하니 "네…"라고 기운없이 대답한다. "어서 코로나 끝나야 할 텐데요" 어물어물 말하니 "끝나겠죠…" 하는데, 그 얼굴이 너무 슬펐다. 뭐라도 더 말하고 싶은 얼굴 같기도 하고, 더이상 말하고 싶지 않은 얼굴 같기도 했다.

수업은 나 혼자뿐이었다. 마스크 쓰고 수업.

항상 자신감 넘치는 선생님이었다. 눈에 띄게 못하는 나를 늘 여유롭게, 그러니까 미량의 '쯧쯧'과 '이해할 수 없음'이 내포된 얼굴로 굽어보는 타입이어서 사실 그리 기껍질 않았다. 그렇게 풀죽은 얼굴은 처음 봤다.

부디 우리 서로가 서로에게 두려움이 아니라 힘일 수 있었으면.

0321 대전 여행

대전에도 독립서점이 있고, 혼자 책을 읽는 바가 있다. 대흥동까지 한시간 걸어서 '다다르다 서점'에 갔다. 교토의 서점이 떠오르는 단아하고 조용한 공간이다. 교토에서도 이렇게 한시간씩 걸어서 서점을 찾아다녔다. 책 구경 실컷 하고 나와서, 바의 예약 시간까지 길가에 앉아서 기다린다. 여행 같다. 여행은 불편하고 다리가 아프니까.

사람 없는 바에서, 적당히 술과 안주를 먹으며 책 보고 핸드폰 보고 음악 들으며 빈둥거렸다. 여행 같다. 대체로 아무 목적 없이 시간을 흘려보내는 게 나의 여행이었으니까.

대전을 딱히 좋아하는 건 아닌데, 퇴사하면 대전에 살지 않을까 싶다. 서울에 직장이 있지 않고서야 비싼 물가와 집값을 감당하며 살 이유도 없고, 연로한 부모님도 돌아봐야 하겠지, 뭐 그런 현실적인 이유다.

다다르다 서점 영수증은 길다. 서점원의 '서점일기'가 붙어있기 때문이다. 생각의 여름 <대전> 가사 같은 게 적혀 있기도 하다. "모든 기찻길들이 등 보이며 사방으로 흘러나갔지. 스무 살이 되길 별러서 경부선을 타고 떠났지. (중략) 강은 돌아오는 일이 없어도 사람은 어쩌면 돌아가지."

어딘가를 가는 것이 아니라 돌아가는 것이 여행이라면, 나는 지금도 천천히 대전으로 돌아가는 여행 중일지도 모르겠다.

0322 아직 2알

회의시간에 칭찬 코너를 마련했다. 모두가 강제로 하루에 한 명씩 칭찬해야 한다. 칭찬할 사람이 없으면 셀프 칭찬도 인정된다. ("저는 오늘 정말 회사에 오기 싫었지만 왔습니다. 저를 칭찬합니다.") 그리고 '오늘 가장 칭찬받을 만한 사람'을 거수로 뽑은 뒤 포도알을 받는다. 난 셀프 칭찬을 자주 하는데도 아직 2알밖에 모으지 못했다.

오랫동안 회사에서의 칭찬을 의심해온 배배 꼬인 사람이었는데 (잘한다는 말은 계속 잘하라는 거지? 힘들었겠다는 말은 계속 힘들라는 거지?) 나 자신이 칭찬을 통해 타인을 조종하려는 얕은 수를 써와서겠지. 아무리 진심이라도, 회사에서의 칭찬에 속뜻이 1%도 없지는 않겠지. 인정욕구는 마력적이고 우리는 모두 '잘하는 사람'으로 비춰지고 싶어하니까. 자연스럽게 타인의 기대에 나를 끼워맞춰서 회사의 가치를 내면화하는 일이야말로 회사가 가장 원하는 거니까.

사실대로만 칭찬하고 싶다. 좋은 풍경을 말로 옮길 뿐인, 담백한 칭찬이라면 좋겠다. 의도가 들어있는 말이 싫다면 지나가는 풍경처럼만 말할 수밖에. 장점을 알아보는 혜안이 부족하니, 회사를 오래 다녀도 늘 서먹하게 말한다.
그래도 지나가는 풍경처럼만 말하고 싶다.

0328 귤껍질

나의 여름귤 대작(김쥐돌, 2020, 한국, 종이에 과슈 채색)이 완성되어 간다. 흐뭇함에 젖어 있는데 옆에서 "이거 귤이에요? 감인 줄 알았네."라고 말해서 갑자기 감흥이 식었다. 붓질이 미숙해서 표면을 무작정 주황색으로 칠했더니 귤이 감처럼 보인다.

귤껍질을 부각하기 위해 점을 찍었다. 선생님이 점 찍는 시범을 보여주는데 나의 눈도 점이 되었다. "이거 아닌거같은데요 이상해서요…" 우울하게 우물거린다.
"쥐돌씨가 원하는 느낌을 잘 모르겠어요."
"우둘투둘하게 보이고 싶은데요 점은 이상해서요…"
"그럼 점을 지우고 명암을 줘서 우둘투둘함을 표현해 보지요."

'이상하다'만 반복하며 멘붕이 온 나를 옆에 두고 선생님이 천천히 묽은 주황색으로 점을 지워나간다.
"일단 해보고, 안 되면 주황색으로 덮지요. 일단 끝까지 해보자, 그런 마음이 필요해요."
선생님은 나이도 젊고 말도 보드라운 사람인데, 이렇게 강단을 보일 때가 있다. 어깨에 힘 들어가지 않고도 강할 수 있는 사람을 좋아한다.

점을 지우고 우둘투둘한 표면을 만드는 붓을 바라본다. 걱정 반 불안 반 괜찮겠지 반의반.
"이럴 땐 그냥 한 주 놔뒀다가 다음주에 와서 보고, 덮든가 계속하든가 결정하면 돼요. 지금은 계속 보니까 더 안 보이거든요."

일단 끝까지 해보자, 그리고 한 주 놔뒀다가 다시.
무슨 일이 있더라도 오늘의 귤껍질처럼. 끝까지, 그리고 다시.

0330 사라지기 전에

내일 지구가 멸망한다면

이라는 글을 봤다. 먹고싶은거 잔뜩 먹고 잘생긴 아무나 붙잡고 놀자고 할 거라고. 아마 나도 그럴것 같다. 백년도 못 사는 인생인데 남 눈치 보고 자기검열 하고 만약을 대비하기 위해 마음대로 못 산다. 나중에 아깝지 않도록 지금 하고싶은거 다 해야지. 그런데 코로나 때문에 하고싶은거 다 못하고 있다.

코로나만 끝나봐라

일단 매일 술 마시러 다니고(그때까지 술을 많이 마실 수 있도록 체력을 키우자. 아니 술은 조금만 마시고 안주를 많이 먹으면 된다) 조그만 텐트 사서 한강에 죽치고 있을 거다. 텐트에서도 핸드폰이나 보겠지만 그래도 할 거다. 딱 기다려.

어우 있는지 알았으면 안 왔죠

라고 말했고 사람들이 웃었다. 점심에 국수전골 먹으러 왔는데, 옆옆 테이블에 상사가 앉아 있었다. 상사 오는줄 알고 왔어요? 라고 묻길래, 저렇게 대답했는데, 사람들이 웃었다. 굳이 그렇게까지 말할 생각은 아니었는데. 그런 말을 할 필요는 없었는데. 남을 깎아내리는 말로 '재미있는' 사람이 되고 싶지 않았는데.

지구가 멸망하기 전에

홋카이도에 가서 매일매일 성게알연어알덮밥을 먹고, 스프카레와 버터에 구운 털게를 먹고, 라벤더 아이스크림을 먹고, 호텔에서 노닥거리면 어우 상상만 해도 좋잖아요. 나중을 걱정하느라 개미처럼 모았는데 이젠 그냥 돈쓰면서 살 거야. 그런데 코로나로 강제 개미 중이다. 그런데 사실은 외국 자주 가지 않아도 괜찮다. 가끔만 가도 괜찮다.

엄마가 프라하에

간 적이 있었다. 귀국해서 가방을 정리하는데 뭔가를 빼곡하게 적은 종이가 나왔다. '성다비드대성당 스테인드글라스 베트남음식점저녁식사 캔맥주2 사과2 자두2' 엄마 왜 다 적었어? 하니까 기억하려고, 라고 대답한다.

엄마와 오사카에

간 적이 있었다. 공항에서 도심으로 향하는 버스 안, 졸다가 옆을 보니 엄마가 유리창에 이마를 붙이다시피 하고 뚫어져라 창밖을 보고 있다. 흐리고 어둑한 도로엔 아무것도 없는데. 이번엔 엄마 왜 창밖을 뚫어져라 보고 있어? 라고 묻지 않았다. 나는 지금도 눈앞의 모든 풍경을 기억하려는 듯 보던 그 눈을 생각하면 마음이 아프다. 창에 손을 대고 어깨를 구부정하게 굽히고 황홀하게 밖을 바라보던 모습은 항상 나를 울게 할 것만 같다.

기억하기 위해 보는 순간이 왠지 슬픈 건 사라짐을 전제로 하기 때문이겠지.

0331 녹는점

친구는 가끔 내 마음 같은 문자를 보낸다. '늙어서 새 친구 사귀는 거 귀찮고 무서워' '같이 다니지만 약간 쩌리 느낌' 자연스럽게 친해질 수 있는 방법을 잊어버렸다. 좋아하는 사람이 나를 좋아하고, 내게 다가온 사람을 사심없이 껴안는 일이 어떻게 가능했던 걸까. 쌍방 화살표로 친구가 되는 일이 드물어졌다. 예전엔 당연했던 것 같은데.

회사에서 의견이 다른 이에게 내 마음을 다 터놓지 않게 되었다. 속이려는 게 아니고 오히려 그 반대다. 어떻게 오해하든 일일이 해명할 필요를 느끼지 못해서다. 기대도 충고도 하지 않는다. 회사생활 하면서 뼈저리게 깨달은 건, 내가 원하는대로 타인을 변화시키는 것은 불가능하다는 사실뿐이다. 타인은 내가 원하는대로 생각하고 행동하지 않는다. 나도 상대에게 이해할 수 없는 존재일 것이다.

점심시간에 공원에서 사회적 거리 유지하며(혼자) 책을 읽었다. 권여선의 '모르는 영역'. 소설에도 나 같은 사람이 나온다. 모르는 마음이 자꾸 미끄러지고 서로를 향한 관절이 굳어버렸다. 어떻게 해야 하냐면, 햇빛에 뒷머리와 등이 따끈따끈해질 때까지 책장을 넘기면 된다.

정오의 공원과 책 한 권에, 녹지 않던 마음이 풀릴 때까지.

0402 기적

오늘 아침은 좀 특별했다. 아침에 눈뜨면 보통 하는 생각들(일어나기 싫다, 일찍 좀 잘 걸, 회사가기 귀찮다 등)이 아닌 생각을 떠올렸으니까. '나는 오늘 꼭 연안식당 꽃게살비빔밥을 먹어야겠다!' 목표지향적인 자세로 기세등등하게 사무실에 도착했다.

그리고 연안식당이 영업을 종료했음을 알게 된 우리는 망연자실해서 주위를 맴돌다가 그냥 송송식당에 들어가서 부대찌개를 시켰는데 너무 맛있어서 냄비 바닥 박박 긁어서 먹고, 햇빛 가득한 공원을 돌다가 야쿠르트 카트에 둥글게 둘러서서 요구르트와 커피를 골랐다.

블루베리 요구르트를 하나씩 들고 또 공원을 빙빙 돌면서 동료의 이야기를 들었다. 코로나 때문에 떨어져 지내고 있는 장거리 연애 이야기다. 나는 저때쯤 뭐 했나 돌이켜보니 아이돌 좋아해서 방구석에서 모니터 쳐다보고 있었구나. 지금도 다르지 않게 살고 있다. 인생을 저렇게 재미나게 살아야 하는데 어째 인생 뽑기 중에서 '재미없음'을 뽑아 버린 것 같다.

집에 와서 팟캐스트(<필름클럽> '코로나 시대의 영화') 들었다. 배우와 감독처럼 전면에 있지 않지만 영화산업을 떠받치고 있는 수많은 사람들은 어떻게 될까, 앞으로 우리는 다 같이 한날한시에 각자의 집에서 같은 콘텐츠를 보고 감상을 나누게 되지 않을까, 사려깊은 생각들을 듣는다. 누군가를 만나고, 먼 곳을 여행하고, 꽃놀이를 다니고, 그런 평범한 일들이 얼마나 큰일이었는지 실감하고 있는 매일이다.

많은 게 바뀌어도 오늘을 기억하고 싶다. 방구석에서 컴퓨터만 하고, 애인이 해주는 맛있는 조식 대신 혼자서 맛없는 빵 만들어 먹던 젊은 날을 기억하듯이, 나의 모든 사소한 날들을. 다들 마스크 하고 다니던 4월을, 야쿠르트 카트를 힐끔거리며 공원을 빙빙 돌던 볕 좋은 오늘을. 우리가 웃고 즐거웠던 날들이 아무리 대단치 않아도 사실은 작은 기적이었음을.

0406 라벤더의 세계

동료는 남자친구와 헤어졌다고 한다. 스무살에 사귄 첫 남자친구와 헤어졌을 때 정말 아무것도 할 수 없었다고, 스물세살인 지금도 회사에서 울까봐 걱정하면서 출근했다고. 한번 좋아하면 마음을 다 주는데 앞으로는 그러지 않겠노라고. 다른 이가 말했다. 다시는 이렇게 사랑할 수 없을 거라고 생각했던 사람과 헤어졌을 때, 저도 그랬어요.

오늘도 책상 앞에서 '뭘 쓰지'라고 생각하며 한참 앉아 있었다. 쓸 게 아무것도 생각이 나지 않아서. 사실 자주 이런다. 회의시간에 하품만 했다, 라고 썼다가 지우고, 막연하게 책도 뒤적이고, 남의 그림을 따라 그리기도 한다. 읽을 때나 그릴 때는 재미있지만, 그 후에도 여전히 쓸 것은 생각나지 않는다.

요가 선생님은 누워서 숨을 쉴 때 귀 뒤와 인중에 라벤더 오일을 발라준다. 이 세상에서 제일 짜릿하고 강력하게 좋아하는 순간이다. 라벤더 오일을 사서 발라 봤지만 요가 선생님이 발라주는 그 느낌이 아니다. 그건 저녁 9시 15분의 요가원에서만 느낄 수 있는 쾌락일지도 모른다. 코 밑에 향을 발라주러 돌아다니는 것을 알면 나의 마음은 두근거리고 향에 대한 기대로 부풀어오른다. 선생님은 "향에 예민하신 분은 말씀해 주세요"라고 말하면서 향을 바른다. 개인의 개성이 쓸데없는 예민함이 아니라 나직한 배려의 대상이 되는 세계를 사랑한다.

매일 뭔가를 쓰려고 딱히 생각도 안 나는데 자리에 앉아있는 건, 재미있는 서사도 인상적인 문장도 없는 내 인생 같다. 놀랍게도 나쁘지 않다. 예를 들면 끝없이 책을 뒤적이다 이런 문장을 마주한다. '시간을 주지 않으면 아무것도 안 준 것이다.' (신형철 <슬픔을 공부하는 슬픔>) 지금 나는 시간을 주는 중이어서, 아무것도 하지 않는 것 같지만 사실은 전부를 하고 있어서.

라벤더향이 불편하면 말해달라고 하는 조심스러움이 좋다. 한편으로 '그럴 수도 있다'고 넘기는 무던함도 좋다. 어쩌면 달라 보여도 같은 결인지 모른다. 난생처음 겪은 사랑과 이별 앞에서 나중에 어른 되면 괜찮아져, 라고 쉽게 말을 얹지 않는 조심스러움이 좋다. 하지만 그런 섣부른 말을 건넨다 해도 원망하지 않고, 그럴 수도 있다고 생각하는 너그러움 역시 좋다.

마음에 조금씩 여유가 생기고 있다. 무작정 책상 앞에 앉아 있는 시간의 힘을 느낀다. 일기에 쓸 것이 생각나지 않아서 아무것도 못 쓰고 한정 없이 앉아서, 이별 앞에서 할 말을 찾지 못해서 아무 말도 하지 못하고 공원만 빙빙 돌면서, 나는 나에게 시간을 선물했던 것이다.
그리고 당신에게도.

0407 웃는 귤

핸드폰에 페이스 아이디가 설정돼 있는데, 살짝 웃어야 잠금이 풀린다. 내가 그 표정으로 인식시켜놨나보다. 그래서 매 시각 핸드폰 보며 웃고 있다.

0408 직업

화장실 휴게공간에서 자주 책을 보는 청소직원이 있다. "책 보시나봐요" 말을 걸자 "여기가 의외로 조용해서 좋아요" 한다. "아아 그렇죠" 대꾸하고 나오는데 사실 민망했다. 그 휴게공간이라는 게 화장실과 분리되지 않은 청소도구함이다. 전면 거울로 돼 있어서 안쪽에 공간이 있는지도 몰랐는데, 손바닥만한 앉을 자리가 마련돼 있다. 남들이 변기를 쓰고 양치를 하는 누추한 곁이 조용해서 좋다는 사람.

전문직의 신화, 열정을 바칠 수 있는 직업에 대한 선망. 물론 하고 싶은 일로 돈까지 벌면 좋겠지만, 생계수단으로 직업을 영위하는 사람 앞에서 하고 싶은 일을 하는 게 전적으로 스스로의 재능과 노력의 결과라는 천진함이 불편하다. 내 일이 대단하대도 그게 나의 대단함일까. 내가 정규직 사무원으로 일하기 위해 필요했던 자격과 자질이 모두 나의 노력의 결과인 걸까. 내 환경과 운이 만들어준 것까지 모두 나의 성취처럼 생각하는 건 아닐까.

능력을 지렛대 삼을 수 없었던 사람들을 생각하면 내 일을 대단한 양 포장하는 것도, 하고 싶은 일을 해야 한다는 환상도 내키지 않는다. 전문직의 뿌듯함이 아니라 하루치 먹거리를 벌기 위해 세상을 살아가는 사람의 성실함을 간직하고 싶다.

0409 느린 거북

아침에 회사까지 버스 타면 항상 책을 읽는다. 단 15분이지만 책장을 넘기는 느낌이 달콤하다. 아직 훼손되지 않은 하루, 무엇이 나타나도 이상하지 않을 가능성의 시간.

퇴근길 버스 놓쳐서 엄청나게 오래 기다렸다. 버스가 무려 30분 가까이 텀을 두고 온 거다 나원참! 성인 ADHD처럼 트위터와 페이스북을 30초씩 번갈아 보며 어우왜안와 어우왜안와 외치며 버스정류장을 194번쯤 왕복했을 때 버스가 왔다. 집에 오자마자 힘들어서 어제 남긴 떡볶이 먹었다.

매일 아침 눈 뜨고, 버스에 타서 차도와 벚꽃과 아파트를 바라보고, 컴퓨터로 무언가를 토닥토닥 쓰고, 소박한 음식을 먹고, 다시 집으로 돌아와서 곤히 잔다. 느린 거북이 같은 일상을 살고 있다. 다른 사람들 눈에는 돌덩이처럼 꿈쩍 않는 것으로 보일지 모른다. 내가 보기에도 그렇게 생각될 만큼 아무런 변화가 없으니까. 하지만 분명히 바다에서 헤엄쳐 왔고, 충분히 모래톱에 머문 뒤에는 다시 천천히 바닷속으로 들어갈 것이다.

느린 거북이지만, 그냥 나의 파도를 타는 중이지.

0410 회사별신굿

01

진심 서로 밑바닥 볼 뻔했다. 말그대로 회사 잘릴 뻔했습니다. "내가 너한테 시말서 안 받았잖아!" "지금 뫄뫄 봐봐 쇼쇼를 인정하시는 거죠!" 통장에 꽂히던 월급이 안녕 작별인사하러 오는 걸 목격했네요.

02

각자의 입장이 있는데 표현이 서툴러서 상처받고 상처입는다—그뿐이다. 엔시티 선생님도 말씀하셨듯이. ('우리 마음에 있는 모든 감정을 꺼내 놓을 수 있다면 오해와 이해 그 사이를 헤매는 두려움은 없었을 텐데'—NCT 127 <나의 모든 순간> 중에서)

03

돈 주는데 이 정도쯤이야. 나가서 알바를 해봐라. 원래 돈 버는 게 이렇게 어렵습니다. 내 피와 살점을 다 뜯어가는 게 돈이다. 그러니까 기 빨리지 않는 게 최고다.

04

연안식당 꽃게살비빔밥 정확히 다섯번째 숟가락질 시점부터 놀랍게도 분노가 사르르 녹아서 제로에 수렴하는 사태가 발생했다. 나 이렇게 쉬운 사람이었나. 사람은 밥을 먹어야 한다. 안 먹으면 미친사람 된다.

05

어차피 나 포함 모두 남의 말 안 듣고 자신이 제일 잘났다고 생각한다. 귀기울여 들어주는 건 내가 옳아서가 아니고 그냥 나한테 대꾸를 못하는 위치여서다. 어차피 70살 되면 다 같이 양로원에서 만날 텐데 부질없다. 매트 펴고 요가나 한판 하자.

06

회복 기간이 필요해.

0411 물로 쓴 글자

미술학원에서 색칠하고 있는데 선생님이 말을 걸었다.
"쥐돌씨 이번주는 어땠어요?"
의례적인 질문이니까 의례적으로 답하면 되는데, 의례적이지 않은 대답이 나왔다.
"회사에서 '왁왁왁' 했네요. 처음으로."
"기분이 어땠어요?"
"음. 그런데, 일어났어요. 일어났으니까요, 뭐."

누군가 나에게 어제의 사건을 천천히 물어본 것은 처음이었고, 답변의 형태로 생각을 정리해본 것도 처음이었다. 스스로 답하고 그 답을 들여다보고 있다.
그것은 나에게 그저 '일어나버린 일'이구나.

중국에서 땅바닥에 물로 글자를 쓰는 사람을 봤다.
곧 지워질 글자들, 사라질 글자들, 완전히 증발할 글자들.
오늘은 물로 편지를 쓴다.

한 차를 타고 가는데, 한참을 달려도 길이 끝나지 않아. 흐린 구름이 어둠에 지워지는 것을 보고 있어.

아무도 알려줄 수 없어. 이 차는 어떤 차라는 것. 당신은 어느 길로 가야 한다는 것. 때로 어둠이 내릴 때까지 우두커니 도로에 머무르는 순간이 온다는 것.

혼자 막막했던 저녁이 얼마나 많았을까. 그렇게 많은 이들의 완고한 침묵 속에 머무는, 견디지 못해 갓길에 내려 우두커니 선, 다리가 아파도 앉을 수 없는, 그 저녁들.

너의 외로운 저녁을, 나만은 기억해 줄게.

어둠이 내려서 도로가 더이상 보이지 않는다. 눈이 침침해지고 발이 굼떠지고 무릎이 녹으면, 우리는 어느 순간 유령처럼 사라지겠지.

0416 4월

엄청나게 예쁜 목동 길을 버스로 달린다. 짙지 않은 새순으로 물든 나무와 채도 높은 하늘. 이른 퇴근길은 아직 환해서, 창 너머 풍경이 하나도 지루하지 않다. 보통은 핸드폰만 보고 있는데.

언제부터 너무 예쁜 4월이구나, 라는 생각만 할 수 있게 될까. 4월이라는 말에 바로 딸려 오는 기억을 소환하지 않게 될까. 이것은 우리를 같은 집단으로 묶어주는, 영원히 잊히지 않을 상처다. 그러므로 서로의 목소리에 귀 기울여야 한다. 함부로 판단하지 않고 앞질러 재단하지 않고. 우리는 모두 목격자가 아닌가. 사람이 가라앉는 모습을 실시간으로 보았지 않은가.

0417 장수 고양이가 말했어

어떤 일이 있었고 회사 화장실에 처박혀서 메모장에 '죽고싶'까지 썼는데, '죽'을 미처 다 쓰기도 전에 '관용적인 표현일 뿐 전혀 죽고 싶진 않다. 죽는거 절대 싫다. 인생이 얼마나 좋은데'라고 생각했고, 급히 '죽고싶은 건 아니고 그냥 도망치고 싶다'라고 정정한 걸 보니 괜찮은 거죠. 회사에서는 정신 붕괴 상태였고 밤 11시에 집에 기어들어온 후에 비로소 정신이 들었다.

'이거 내가 잘못한 거 아니야. 나는 할 만큼 했고 이 이상 하는 것은 불가능해.'

집에 와서 휴지 100장 쓰면서 울었다.

오늘 그 일에 대해 "너는 잘못이 없다"라는 말을 들었다. 엎질러진 물이지만 위로가 됐다. 그 일이 일어났을 때 눈앞이 노래진 다음, 무턱대고 사과하고 끝없이 자책하고 있었다. 사실 스스로의 비굴함이 무엇보다도 끈질기게 나를 괴롭혔다.

점심시간에는 혼자 서점에 갔다. 목적도 없이 아무 책이나 펼쳐서 눈 가는 대로 읽었다. 이런 날엔 반드시 어떤 문장이 나를 어루만져준다. 오늘 역시 그랬다. 무라카미 하루키의 <장수 고양이의 비밀>을 들췄는데, 기적처럼 이 에피소드가 펼쳐졌다.

작가가 고등학교에 다닐 때, 그가 살던 곳에 피차별 부락이 있었다. 친한 여자 동급생이 그곳 출신인데, 작가는 그 부락의 존재를 몰랐다. 당연히 부락의 멸칭도 몰랐다. 우연히 동급생을 멸칭으로 부르는 것을 듣고, 아무 생각 없이 단어를 칠판에 쓴다. 동급생은 울음을 터뜨리고, 같은 반 여학생들은 작가에게 아무도 말을 걸지 않는다.

오해가 풀린 후에 작가는 생각한다.
'더 큰 충격은 이 세상에서 어떤 사람이든 자신도 모르는 사이 누군가에게 무의식적인 가해자가 될 수 있다는 잔혹하고 냉엄한 사실이었다. 나는 지금도 한 사람의 작가로서 그 사실에 깊은 두려움을 느낀다.' (230쪽)

나는 항상 피해자가 되는 것보다 가해자가 되는 것을 두려워하는 사람이었다. 이 태도가 지금까지 나라는 인간의 한 면을 만들어왔다. 끝까지 주장을 관철하지 못했어도, 억울함보다 자책을 더 많이 느꼈어도, 스스로를 미워하지 않기로 한다. 나는 두려워하는 사람으로서의 나에게 긍지를 느끼고, 그런 나를 지지한다.

0423 알스트로메리아

미술학원 가기 전, 카페에 앉아 있다. 꽃이 많은 카페다. 여러 명이 앉는 긴 테이블에도 유리 화병이 여섯 개나 있다. 흰 카네이션, 라임색 수국, 나리와 백합 들이 직각의 조명 아래 짧은 그림자를 만든다.

저녁은 김밥집에서 먹었다. 테이블 옆 선반에 물 담은 밥공기가 있었다. 멸치보다 작은 물고기가 투명한 그릇 속에서 펄떡거렸다.

툭툭 꽂힌 생화, 밥공기에서 헤엄치는 손톱만한 물고기. 못난이여도 좋다. 어떤 정교한 공예품에 비할까. 각기 생긴 대로 살아있는 모습이 아름답다.

요즘 내게 가장 행복한 시간은 미술학원에서 보내는 시간이다. 슬슬 해도 되고 못 그려도 되고 터무니없이 우쭐해도 되고 뜬금없이 신나도 된다. 나의 모든 것을 긍정하는 시간이 이렇게 좋은 거였다.

생긴대로, 나의 모든 것을 좋아하며, 살아 있는 시간을 누리며.

0425 쓰리 데이즈 온리 : 첫 번째 낮, 1분간

영화관에서 아비정전을 봤다. 사실 비정성시인 줄 알고 예매했는데 아비정전이었다. 스크린에 뜨는 타이틀을 보며 '어엇 뭐지 비정성시 아니었나' 당황하는 사이 영화가 시작되었다.

영화관에 오기 전엔 미술학원에 갔었다. 어제 <부부의 세계> 보고 늦게 자서 계속 졸리다. 졸면서 그림을 그리고, 나른하게 영화를 본다. 재미있는 게 미술학원 갔다는 말밖에 없지만, 회사원 일기엔 이 권태가 제법 어울린다.

아비정전에서 가장 유명한 나레이션은 아마 이것이다 : '발 없는 새가 살았다. 이 새는 나는 것 외에는 알지 못했다. 새는 날다 지치면 바람에 몸을 맡기고 잠이 들었다. 이 새가 땅에 몸이 닿는 날은 생에 단 하루 그 새가 죽는 날이다.' 발 없는 새처럼 살고 있다. 남들은 하늘을 날고 있다고 생각하겠지만, 사실 천천히 어긋나고 있는지도 모른다.

 # 여기까지 쓰고 5월의 첫날에 덧붙여 쓴다.

자주 갔던 제주도 게스트하우스의 폐업 소식을 듣고 충격에 휩싸여 있다. 오래 살던 집처럼 익숙한 곳이다. 나는 그곳의 옥상에서 본 풍경과 주변에 생겨나고 사라진 가게들을 정확히 복기할 수 있다. 가장 가까운 바다가 가장 아름다운 시각을 안다. 포구를 걷던 날들의 온도를 거슬러 기억할 수 있다. 나의 좋은 순간이 다 그곳에 있다. 사실은 마음에 차지 않거나 실망한 점도 많았는데, 끝이라니 아쉬움에 눈물이 났다.

"계속될 줄 알았어. 내가 갈 때마다 그곳에 있을 줄 알았어." 나의 말에 난오가 "모든 건 끝나. 하지만 더 좋은 게 생길 거야." 위로한다. 나의 빛나는 시절을 함께한 곳, 그날들의 문이 눈앞에서 닫히는 기분이다. 내게 더 좋은 것이 올까.

아비정전에서 가장 유명한 장면은 물론 장국영의 맘보춤이고, 그 다음으로 유명한, 장국영과 장만옥이 함께 시계를 보는 장면은 다소 느끼하다는 평이 지배적인데, 나는 옛날부터 이 장면을 가장 좋아했다. 장국영이 장만옥과 함께 1분간 시계를 들여다본 뒤 말한다. "1960년 4월 16일 3시 1분 전, 당신과 여기 같이 있고, 당신 덕분에 난 항상 이 순간을 기억하겠군요. 이제부터 우린 친구예요. 이건 당신이 부인할 수 없는 엄연한 사실이죠. 이미 지나간 과거니까."

모든 일이 언젠가 작별을 고하지만, 지나간 과거는 사라질 수 없다. 게스트하우스는 없어져도 내 안에 고인 시간은 협재를 들릴 때마다 되살아나겠지. 회사생활도 그렇지 않을까. 반드시 마음에 차서가 아니라 한 시절을 함께했기에 사라지지 않는다.

회사원으로 보낸 1분 1분은 나와 함께했다. 1분동안 아무것도 하지 않고 시곗바늘이 가는 것을 들여다본다면, 1분이 얼마나 긴 시간인지 알게 된다. 일하는, 불평하는, 눈을 빛내는, 흘려보내는, 기뻐하는, 1분 1분을 쌓고 있다. "난 순간이란 정말 짧은 시간일 줄 알았는데, 때로는 오랜 시간이 될 수도 있더군요." 장만옥의 말처럼.

1년간 회사 이야기만 쓴 건 아니지만, 많은 일기들이 회사 때문에 울고 웃던 나에게 건네는 말처럼 느껴졌다. 평범한 문장들이 회사원으로 살아가는 나에 대한 말이 되고, 평범한 날들이 모여서 만드는 인생에 대한 말이 됐다. 그 말들이 내게 무엇인가를 전했다. 모든 날들이 의미있는 날들로만 채워질 수는 없지만, 그날들을 채우는 1분 1분은 나에게 달렸다고. 멋있지 않아도 노련하지 않아도, 보드를 붙들고 떠 있던 하루하루가 나를 만들었다고. 그러니까 보드를 잡고 발버둥치던 순간이 삶의 근육이 되고, 보드를 잡고 바라본 풍경이 삶의 위로가 된 건 우연이 아니라고. 그건 내가 그 1분 1분을 견뎌왔기 때문이라고.

잘 되지 않을지도 모른다. 힘들기만 할지도 모른다. 그래도 계속해보려 한다. 헤엄치며 타넘는 파도, 내쉰 호흡과 귓전의 바람, 그런 게 우리가 가질 수 있는 가장 귀한 것일지도 모르니까. 매일 보드를 잡는 일,

그 1분 1분을 쌓는 일, 때로는 그게 전부라는 걸 회사가 내게 말해줬으니까.

0426 쓰리 데이즈 온리 : 두 번째 낮, 기꺼이

이태원에 있는 서점에 간다. 서점까지 항상 마을버스를 타는데, 날씨가 좋아서 걸어가보기로 했다. 그리고 곧 후회했다. 가파르기 짝이 없는 해방촌 언덕을 등산과 진배없는 강도로 오르며, 길까지 잘못 들어서 족히 한 시간은 헤맸다. 노트북과 책과 보온병을 이고지고 지게꾼처럼 땀을 흘렸다.

길을 자주 잘못 든다. 반대방향 전철 타기, 다른 곳으로 가기, 꺾을 타이밍 놓치기가 특기다. 집에 올 때도 한참 거꾸로 가다가 '아차차' 했다. (그러고보니 어제 영화도 잘못 예매했구나.) 서점 워크숍 신청이 안 돼서 되짚어보니, 예전에 다른 워크숍을 신청했다가 직전에 취소해서 금지명단에 올랐었다. 띄엄띄엄 어물어물 허둥지둥이 부지기수다. 왜 모든 일이 다 이렇게 어설플까.

 # 여기까지 쓰고 5월의 둘쨋날에 덧붙여 쓴다.

서점에 다시 가서 양해를 구했다. 다시 워크숍 신청해도 되겠느냐고. 집에 오는데 좀 웃음이 났다. 그냥 다시 말하면 되네. 안 되면 그만이고 되면 좋은 거고. 돌아가도 되고 늦어도 되는 거지. 모든 걸 다 잘 할 수는 없는데. 서툴면 서툰대로 해나가면 그만인데.

오늘 산 책은 <조금 더 쓰면 울어버릴 것 같다, 내일 또 쓰지>라는 책이다. 제목 듣자마자 사고 싶었고, 표지 보자마자 반했다. 1985년부터 1988년까지, 아빠가 연인이었던 엄마에게 쓴 편지를 모아서 자녀가 책으로 만들었다. 종이에 적어내려간 한 글자 한 글자를 한참 바라보면 나야말로 울어버릴 것 같다.

회사는 늘 적절하고 온당한 핑계가 되어 주었다. 회사에 얽매여서 하고 싶은 걸 못한다, 회사 때문에 성격이 이상해졌다, 회사에서 시간을 낭비한다고 생각했다. 일견 진실이다. 그러나 아빠는 연락이 쉽지 않았기에 연인에게 편지를 쓸 수 있었던 것 아니었을까. 회사원이 아니었으면 회사 밖의 시간이 이렇게 애틋했을까, 회사 밖의 나에 대해 이렇게 생각하고 매달려봤을까.

가진 것이 아니라 가지지 못한 것으로 나를 설명할 수 있다면, 결핍이 나를 만들고 빙 돌아간 기억이 인생이라고 말할 수도 있으리라. 나의 소망은 하다가 틀려서 '아, 틀렸나'라고 말하는 것이다. 잘못 가서 다시 돌아오는 것이다. 그렇게 기꺼이 세상에서 가장 느린 사람이 되는 것이다. 그래서 이런 편지를 쓰는 것이다.

뭐든지 빠르고 쉬운 시대, 서툴고 느리게 걷는 일에 무슨 의미가 있을까요. 아마 때로 세계의 폭은 넓이가 아닌 깊이이기 때문일 겁니다. 좁지만 풍성하고, 짧은데 영원 같은 순간. 그런 사람을 만나고 그런 시간을 경험하기 위해 우리가 사는 것일 수도 있겠습니다.

일주일 휴가로 갈 수 있는 세상을 긁어모아 부리나케 이곳저곳을 다닐 때가 있었습니다. 하지만 그 세계는 당연히 좁고 한정돼 있어서 발을 구르곤 했던 것 같아요. 이 족쇄만 없었어도, 라며. 하지만 전 생애를 다 바쳐도 모든 바다를 다 껴안을 수는 없잖아요. 바다의 기억이 사라지면 살갗에 붙은 소금 몇 알만 남을 뿐.

언제부터인가 모든 바다가 아니어도 괜찮아진 것 같습니다. 세상의 수평선을 다 지나는 게 목적이 아니라, 소금 몇 알을 위해 바다를 건넜던 거라면. 따뜻했던 국이 식을 때, 눈물을 흘리다 잦아들 때, 저 바다가 사막이 될 때, 바닥에 남는 짠 것이 내 마음의 가장 깨끗한 부분이었을지도 모릅니다. 그 반짝이고 연약한 것들을 위해서 바다를 건넜던 거라면. 어떤 소금은 바다가 말라야만 모습을 드러내니까, 늘 바다가 아니어도 괜찮습니다.

아마 지금쯤이면 당신도 아시겠지요. 바다를 건너면 소금 몇 알만이, 계절을 통과하면 바람의 냄새만이, 여행자의 입술에는 다른 공기만이 남는다는 사실을요. 때로 세상에서 가장 느린 사람이 되는 것이 우리의 유일한 소망인 이유를요. 사실 그건 세상의 모든 바다에 발을 담글 수 있는 유일한 방법이라는 것을요.

가본 바다마다 깃발을 꽂지 않아도 좋은, 에메랄드빛 물 밖으로 아무 것도 쥘 수 없는 여행을 하고 있습니다. 소금과 바람과 공기를 위한 여행.

0427 쓰리 데이즈 온리 : 세 번째 낮, 당신의 첫

오늘은 평범한 월요일이지만 내게는 각별했다. 365일 회사원 일기를 쓰는 마지막 날이니까 특별한 일이 생기지 않을까. 저녁에 수첩을 펼치니 딱 한 줄 써있다. '편의점에서 치즈계란말이 사먹었다 맛있다'— 역시 아무 일도 일어나지 않았다.

점심시간엔 날씨가 좋아서, 사무실에서 뫄뫄 중고서점까지 걸었다. 이곳은 봐봐문고나 솨솨 중고서점보다 분류가 별로다. 그런데 두서 없어서 좋기도 하다. 눈에 잘 들어오진 않지만 맨땅에 헤딩하듯 책더미를 헤치다 뜻밖의 책을 만나는 재미가 있다.

이제는 좀 이상한 일을 많이 해보고 싶다. 정돈되지 않은 곳에 부딪혀서 뜻밖의 책을 발견할 수도 있으니까. 인생의 좋은 시절에 좋아서 하는 일이나 실컷 하자.

서점 가는 길은 온통 녹색이었다. 오늘 산 책도 <매우 초록>이다. 저자가 집 구하고 땅 보러 다니는 이야기에서 시작한다. 일하며 적응하고, 집 구하고 적응하던 나를 보는 듯했다. 그 날들은 정말로 '매우 초록'이었구나, 4월이 가고 5월이 시작되는 내 삶도 '매우 초록'이구나, 생각한다.

아빠가 매일 하나씩 문자를 보내는데 오늘은 이것이다 : '현지 오늘 월요일이다 새로운 한 주 시작이다 좋은 출발이요' 답장을 보냈다. '뛰뛰빵빵 한 주 시작!'

가치있는 것은 어디에나 있고, 시작의 순간은 언제나 있다. 발견하는 눈이 필요할 뿐이다.

365번 일기를 써서 무엇이 달라졌을까. 놀랍게도 아무것도 달라지지 않았다. 여전히 외롭고 여전히 이상하고 여전히 흔들린다. 그렇지만 일기로 적힌 이 365일은 앞으로도 계속 외롭고 이상하고 흔들릴 나를 따뜻하게 밝혀줄 거라는 예감이 든다.

아무 일도 일어나지 않았지만 이미 모든 게 일어났다.

 # 여기까지 쓰고 5월의 셋째날에 덧붙여 쓴다.

아침에 일어나 좋아하는 우동 가게의 페이스북을 봤다. 가보고 싶었는데 늘 남들 먹는 사진만 부럽게 찾아보곤 했다. 한번 가볼까. 버스 2번 갈아타고 힘겹게 도착하니 휴일이라 줄이 길다. 면 떨어지기 직전에 간신히 주문을 넣었다.

차가운 붓카케 우동은 담담하고 좋은 맛이다. 정성이 느껴지고 무리하지 않는 맛이다. 가게의 '휴무일 달력'을 보면서 어렴풋이 이런 맛을 예상했다. 휴무일을 표시한 그림 달력을 직접 그리고, 직접 쓴 짧은 손편지와 함께 페이스북에 올린다. 이런 가게처럼 쓰고, 그리고, 살고 싶다고 생각하며 가게를 나와서 전철을 탄다.

전철이 덜컹덜컹 한강을 지날 때면 항상 특별한 기분이 들었다. 햇빛이 쏟아져 들어오고 있다면 더욱. 그건 말하자면, 인생을 손에 넣은 것 같은 기분이었다. 나는 나를 정말 좋아하는구나, 그리고 내가 만드는 내 인생을 그 무엇보다 소중하게 생각하는구나, 그런 것을 느끼는 순간.

전철 유리창으로 투과되는 햇빛을 찍었는데 창문 너머 '울트라건설'이라는 상호가 함께 담겼다. 조금 웃었다. 대학을 졸업하고 사장 한 명 직원 한 명(나)인 사무실에 들어갔을 때 대행했던 고객사였다. 나는 짧은 기간 시행착오와 뚱함과 좌절과 어이없는 행동만 반복하다 일을 그만두었다. 생각하면 낯이 뜨거워진다. 사실 나의 회사생활은 대부분 민망함과 어리석음으로 가득 차 있다. 그런데 그런 경험까지 포함해서, 나는 내 손으로 꾸려온 회사원의 날들을 사랑하고 있음을 비로소 느낀다.

회사원이 된다는 건 스스로를 천천히 싫어하게 되는 일이라고 생각해왔다. 능숙하지도 긍정적이지도 못하니 발전은 멀고 실망은 손쉬

웠다. 그렇게 이삼십대를 지나, 사십대 회사원이 되어 전철 창문을 바라보며 생각한다. 숱한 날들을 어려움과 지리멸렬과 고민으로 보냈다 해도, 그런 시간을 버티고 통과하며 내 손으로 하루하루를 살아가고 있다고. 사이사이 웃고 울며, 배우고 잊고 다시 배웠다고. 회사에서 한 일이 우주의 먼지로 수렴한다 해도, 우주를 헤엄치는 순간을 한껏 느끼는 건 가능하다. 그게 내가 이 우주에서 할 수 있는 최대한의 일이라면, 결과물이 대단치 않다 해도 괜찮은 시간일 거라고.

43살로 산다는 건 참 멋진 일이다. 365일 일기가 끝난 자리에서, 다시 수첩을 열어 첫 문장을 쓴다.

스스로를 충분히, 무조건, 존경하고 사랑하며 살고 싶다.

가장 끈질긴 서퍼

40대 회사원 킵 고잉 다이어리

초판 1쇄 인쇄 2020년 9월 4일

초판 1쇄 발행 2020년 9월 11일

지은이 김현지

디자인 두부디자인

펴낸곳 여름귤출판사

출판등록 2020년 7월 16일 제2020-000084호

이메일 haguul.books@gmail.com

ISBN 979-11-971375-4-9 03810

이 도서의 국립중앙도서관 출판자료목록(CIP)은 서지정보유통지원시스템 홈페이지(seoji.nl.go.kr)와 국가자료공동목록시스템(nl.go.kr/kolisnet)에서 이용하실 수 있습니다.